# 10대를 위한 건축 학교

건축과 건축물은 어떻게 다양하게 발전했을까요?

동굴부터 미래형 건물까지 건축물의 범위를 생각해본 적이 있나요?

# 10대를 위한
# 건축 학교

세우고 쌓은 것들의 기원과 원리

**임유신** 지음 | **김재준**(한양대학교 건축공학부 교수) 감수

이케이북

## 한눈에 보는 세계 건축물 지도

### 그리스
| | |
|---|---|
| 메테오라 | 112쪽 |

### 네덜란드
| | |
|---|---|
| 마르크탈 | 82쪽 |
| 큐브 하우스 | 192쪽 |

### 노르웨이
| | |
|---|---|
| 언더 | 56쪽 |

### 대한민국
| | |
|---|---|
| N서울타워 | 144쪽 |
| 경주타워 | 148쪽 |
| 동대문 디자인 플라자 | 78쪽 |
| 롯데월드타워 | 42쪽 |
| 방주교회 | 140쪽 |
| 전곡선사박물관 | 94쪽 |
| 조선대학교 본관 | 60쪽 |
| 트라이 보울 | 200쪽 |

### 덴마크
| | |
|---|---|
| 그룬투비 교회 | 140쪽 |

### 독일
| | |
|---|---|
| BMW 본사 | 170쪽 |
| 알리안츠 아레나 | 88쪽 |
| 포르쉐 박물관 | 104쪽 |

### 러시아
| | |
|---|---|
| 성 바실리 대성당 | 118쪽 |

### 마카오
| | |
|---|---|
| 그랜드 리스보아 호텔 | 68쪽 |

### 말레이시아
| | |
|---|---|
| 페트로나스 트윈 타워 | 66쪽 |

### 미국
| | |
|---|---|
| 432 파크 애비뉴 | 36쪽 |
| TWA 터미널 | 72쪽 |
| 가이젤 도서관 | 172쪽 |
| 게이트웨이 아치 | 146쪽 |
| 덴버 공항 | 68쪽 |
| 롱가버거 본사 | 200쪽 |
| 보잉 에버렛 공장 | 48쪽 |
| 세미놀 하드 록 호텔 | 200쪽 |
| 솔로몬 R. 구겐하임 박물관 | 86쪽 |
| 애플 파크 | 54쪽 |
| 엠파이어 스테이트 빌딩 | 58쪽 |
| 월트 디즈니 콘서트홀 | 92쪽 |
| 자유의 여신상 | 160쪽 |
| 카데트 채플 | 140쪽 |
| 할리에이드-X | 164쪽 |
| 캔자스 시립도서관 | 200쪽 |

### 벨기에
| | |
|---|---|
| 아토미움 | 184쪽 |

### 브라질
| | |
|---|---|
| 구세주 그리스도상 | 150쪽 |
| 브라질리아 대성당 | 114쪽 |

### 사우디아라비아
| | |
|---|---|
| 하람 성원 | 136쪽 |

### 싱가포르
| | |
|---|---|
| 마리나 베이 샌즈 | 176쪽 |
| 아트 사이언스 뮤지엄 | 108쪽 |

### 스웨덴
| | |
|---|---|
| 터닝 토르소 | 64쪽 |

### 스페인
| | |
|---|---|
| 구엘 공원 | 74쪽 |
| 레이나 소피아 예술 궁전 | 80쪽 |
| 메트로폴 파라솔 | 178쪽 |
| 바라하스 국제공항 | 108쪽 |
| 보데가스 이시오스 | 46쪽 |
| 빌바오 구겐하임 미술관 | 84쪽 |
| 사그라다 파밀리아 대성당 | 116쪽 |
| 아그바 타워 | 200쪽 |
| 카사 밀라 | 188쪽 |

### 아랍에미리트
| | |
|---|---|
| 두바이 프레임 | 152쪽 |
| 딥 다이브 | 40쪽 |
| 버즈 알 아랍 | 200쪽 |
| 부르즈 할리파 | 50쪽 |
| 캐피털 게이트 | 190쪽 |
| 페라리 월드 | 102쪽 |

### 아이슬란드
| | |
|---|---|
| 할그림스키르캬 | 138쪽 |

### 아제르바이잔
| | |
|---|---|
| 알로브 타워 | 68쪽 |
| 헤이다르 알리예프 센터 | 186쪽 |

### 영국
| | |
|---|---|
| 30 세인트 메리 액스 | 38쪽 |
| 리버사이드 박물관 | 108쪽 |
| 브리티시 에어웨이 i360 | 154쪽 |
| 셀프리지스 | 182쪽 |
| 테이트 모던 미술관 | 100쪽 |

### 오스트리아
| | |
|---|---|
| 쿤스트하우스 그라츠 | 98쪽 |

### 요르단
| | |
|---|---|
| 페트라 | 132쪽 |

### 이집트
| | |
|---|---|
| 기자 대피라미드 | 128쪽 |

### 이탈리아
| | |
|---|---|
| 보스코 베르티칼레 | 180쪽 |
| 콜로세움 | 96쪽 |
| 판테온 | 130쪽 |
| 피사의 사탑 | 162쪽 |

### 인도
| | |
|---|---|
| 미낙시 암만 사원 | 120쪽 |
| 찬드 바오리 | 62쪽 |
| 타지마할 | 126쪽 |
| 바하이 사원 | 140쪽 |

### 일본
| | |
|---|---|
| 도쿄 스카이트리 | 156쪽 |
| 산주산겐도 | 52쪽 |
| 솔라 아크 | 68쪽 |

### 중국
| | |
|---|---|
| CCTV 본사 | 68쪽 |
| 국가대극원 | 76쪽 |
| 베이징 국가체육장 | 108쪽 |
| 쉬안쿵 사원 | 122쪽 |

### 체코
| | |
|---|---|
| 댄싱 하우스 | 174쪽 |

### 카자흐스탄
| | |
|---|---|
| 칸 샤티르 | 200쪽 |

### 캄보디아
| | |
|---|---|
| 앙코르 와트 | 124쪽 |

### 캐나다
| | |
|---|---|
| 로열 온타리오 박물관 | 108쪽 |
| 바이오 스피어 | 108쪽 |
| 해비타트 67 | 198쪽 |

### 타이완
| | |
|---|---|
| 타이베이 101 | 196쪽 |

### 태국
| | |
|---|---|
| 마하나콘 타워 | 44쪽 |

### 티베트
| | |
|---|---|
| 포탈라궁 | 134쪽 |

### 프랑스
| | |
|---|---|
| 버블 팰리스 | 68쪽 |
| 에펠탑 | 158쪽 |
| 퐁피두 센터 | 106쪽 |

### 폴란드
| | |
|---|---|
| 크시비 도메크 | 194쪽 |

### 호주
| | |
|---|---|
| 오페라 하우스 | 90쪽 |

## 들어가는 말

# 세계사와 지도 위에서 살펴보는 건축의 발전과 쓸모

### 건축물은 생명체처럼 아무것도 없던 곳에 생겨나요

나무나 풀을 보면 신기해요. 땅속에 들어간 씨앗이 무럭무럭 자라서 풀과 나무가 되어요. 아무것도 없는 맨땅에 생명체가 생겨나는 현상도 신기하지만, 풀과 나무가 모여 풀밭과 숲을 이루며 땅을 뒤덮는 모습을 보면 더욱더 놀랍죠. 생명체는 아니지만 나무나 풀처럼 빈 땅에 하나둘 생겨나 무리를 이루는 존재가 있어요. 바로 건축물이에요. 모양이나 종류가 다양한 풀과 나무처럼 건축물도 각양각색 모습으로 땅 위를 채워요. 스스로 자라나는 풀이나 나무와 달리 사람의 손을 거쳐 생겨나지만, 자연의 일부분처럼 지표면을 덮고 있어요.

### 건축물은 우리 생활에 없어서는 안 되는 존재예요

건축물이 우리 주변을 가득 메우고 있지만 정작 얼마나 중요한지는 잘 모르고 지내요. 마치 생명을 유지하는 데 꼭 필요한 공기의 중요성을 잘 모르고 지나가듯 말이죠. 학교 건물이 없어서 야외에서 수업받는다고 생각해보세요. 더위와 추위를 견디면서 때로는 눈비와 바람을 맞으며 공부해야겠죠. 생각만 해도 끔찍해요. 건물에 지붕만 없어도 비바람이 들이쳐서 생활하기가 매우 불편해져요. 집 안에 있든 집 밖으로 나가든 우리는 대부분 시간을 건축물 안에서 보내요. 건축물 없는 생활은 꿈도 꾸기 힘들어요.

### 건축물은 예술과 상징, 기술에 따라 다양하게 표현돼요

건축물의 종류는 매우 다양해요. 크기, 모양, 용도, 사용한 재료, 장식 등은 건축물마다 제각각이에요. 이처럼 각자 고유한 특성을 드러내지만, 그중에서도 특히 눈에 띄는 건축물이 있어요. 모양이 특이하거나, 역사적인 가치가 크거나, 큰 사건의 중심지였거나, 유명한 건축가가 설계했거나, 세계적인 기록을 세우는 등 특별한 의미가 담긴 건축물이죠. 이들은 세상을 이루는 구성 요소이자 인간 삶의 일부인 건축물의 다양한 세계를 보여줘요. 이 책에는 세상을 보는 시각을 넓혀줄 건축물을 모았어요.

1부에서는 건축의 기초를 다뤄요. 아무것도 없는 상태에서 건축물이 생기기까지 어떤 일이 벌어지고 어떤 사람들이 활동하는지 알아봐요.

2부에는 형태가 다양한 건축물을 모았어요. '건물은 직사각형'이라는 고정관념을 깨는 특이한 건축물이 많아요. 우리 주변 환경을 다채롭게 바꿔놓는 건축물이에요.

3부에서는 사람이 많이 모이는 건축물을 소개해요. 미술관, 박물관, 경기장 등 많은 사람이 이용하는 공간을 어떻게 상징성 있게 만들었는지 알아봐요.

4부에서는 신이나 왕을 위해 지은 건물을 다뤄요. 신과 왕을 숭배하는 특정한 목적에 맞춘 건물인 만큼 다른 건축물과는 차별화된 특징이 두드러져요.

5부에는 상징과 의미를 표현한 건축물을 모았어요. 사람이 그 안에서 활동하기보다는 동상이나 탑처럼 건축물 자체에 의미를 담는 데 초점을 맞춰요.

6부에서는 무한한 상상력을 발휘해 만든 이색 건축물을 소개해요. 정말 건축물이 맞는지 믿기지 않아요. 그만큼 건축물에는 한계가 없다는 사실을 분명히 보여줘요.

### 이 책에서는 특히 세 가지 요소를 잘 활용해보세요

건축 개념을 공부하면서 다양한 특징과 매력도 경험하게 될 거예요. '목차'를 보면 건축물을 쉽게 찾을 수 있어요. '한눈에 보는 세계 건축물 지도'에는 나라별 건축물 발전 현황을 표시해놨어요. '찾아보기'에 나오는 건축 개념어를 참고하면 본문을 쉽게 이해할 수 있어요.

익숙하거나 별 생각 없이 보던 물건에서 새로운 의미를 찾았을 때, 지식이 하나 늘어났다는 생각에 기쁘지 않던가요? 이 책을 읽고 주변의 건축물을 둘러보세요. 그 안에 숨겨진 건축의 세계가 하나씩 열릴 거예요. 건축물에 담긴 지식을 하나하나 알아가는 기쁨을 누려보세요. 세상이 달라 보일 거예요.

2022년 10월

임유신

# 목차

한눈에 보는 세계 건축물 지도  4
들어가는 말  6

## 1부
### 배워 봐요, 건축의 세계

건축의 정의와 의미  12
건축의 역사  14
건물의 종류  16
건축에 필요한 다양한 재료  18
정해진 순서에 따라 시간을 지켜가며 지어야 하는 건물  20
건물을 지을 때 필요한 장비  22
건축에 참여하는 사람들  24
건축가와 건축사  26
건축물과 랜드마크  28
생활 속에서 알아두면 좋은 건축 용어  30
못다 한 건축 수업 ①
프리츠커상과 세계 건축 축제  32

## 2부
### 건축물의 다양한 형태

432 파크 애비뉴  36
30 세인트 메리 액스  38
딥 다이브  40
롯데월드타워  42
마하나콘 타워  44
보데가스 이시오스  46
보잉 에버렛 공장  48
부르즈 할리파  50
산주산겐도  52
애플 파크  54
언더  56
엠파이어 스테이트 빌딩  58
조선대학교 본관  60
찬드 바오리  62
터닝 토르소  64
페트로나스 트윈 타워  66
못다 한 건축 수업 ②
사물을 닮은 세계의 이색 건축물 1  68

## 3부
### 많은 사람을 불러 모으는 공간

TWA 터미널  72
구엘 공원  74
국가대극원  76
동대문 디자인 플라자  78
레이나 소피아 예술 궁전  80
마르크탈  82
빌바오 구겐하임 미술관  84
솔로몬 R. 구겐하임 박물관  86
알리안츠 아레나  88
오페라 하우스  90
월트 디즈니 콘서트홀  92
전곡선사박물관  94
콜로세움  96
쿤스트하우스 그라츠  98
테이트 모던 미술관  100
페라리 월드  102
포르쉐 박물관  104
퐁피두 센터  106
못다 한 건축 수업 ③
많은 사람이 모이는 세계의 이색 건축물  108

## 4부
### 신과 왕을 품은 건축물

메테오라 112

브라질리아 대성당 114

사그라다 파밀리아
대성당 116

성 바실리 대성당 118

미낙시 암만 사원 120

쉬안쿵 사원 122

앙코르 와트 124

타지마할 126

기자 대피라미드 128

판테온 130

페트라 132

포탈라궁 134

하람 성원 136

할그림스키르캬 138

못다 한 건축 수업 ④
세계의 이색
종교 건축물 140

## 5부
### 상징과 의미를 표현한 건축물

N서울타워 144

게이트웨이 아치 146

경주타워 148

구세주 그리스도상 150

두바이 프레임 152

브리티시 에어웨이
i360 154

도쿄 스카이트리 156

에펠탑 158

자유의 여신상 160

피사의 사탑 162

할리에이드-X 164

못다 한 건축 수업 ⑤
세계의 조각상 166

## 6부
### 상상을 뛰어넘는 이색 건축물

BMW 본사 170

가이젤 도서관 172

댄싱 하우스 174

마리나 베이 샌즈 176

메트로폴 파라솔 178

보스코 베르티칼레 180

셀프리지스 182

아토미움 184

헤이다르 알리예프
센터 186

카사 밀라 188

캐피털 게이트 190

큐브 하우스 192

크시비 도메크 194

타이베이 101 196

해비타트 67 198

못다 한 건축 수업 ⑥
사물을 닮은 세계의
이색 건축물 2 200

찾아보기 202

## 1부
# 배워 봐요, 건축의 세계

건축물 짓는 과정을 보면 마치 마술 같아요. 아무것도 없는 땅에 조금씩 층이 올라가더니 어느 순간 높은 건축물이 생겨요. 마술과 다른 점이라면, 건축물은 눈속임이 아니에요. 건축 재료를 가지고 인력과 장비를 동원해서 차근차근 쌓아 올리는 과정을 거쳐요. 어떤 건축물을 지을지 구상하고 다 지어서 마무리하기까지 수많은 일이 일어나고 여러 사람이 참여해요.

건축의 세계는 넓고 다양해요. 인류의 등장과 함께 살 곳을 찾으려는 본능에서 건축의 역사가 시작되었고, 오랜 세월을 거치면서 끊임없이 발전해왔어요. 수많은 용도에 맞게 건축물의 종류도 여러 가지로 세분돼요. 짓는 방법과 순서, 필요한 장비, 재료, 인력 등 많은 요소가 건축과 관련 있어요. 건축은 학문의 한 분야로 인류 문명의 중요한 한 축을 담당해요.

# 건축이란 무엇일까요?

### 사람이 살아가는 데 가장 중요한 것 세 가지, 의식주

의식주, 세 가지는 살아가는 데 없어서는 안 되는 중요한 요소지만, 공기처럼 있는 듯 없는 듯 자연스럽게 생활에 녹아 있어요.

**의衣** 몸을 보호하기 위해 몸에 걸치는 모든 것을 말해요. 옷이라고 생각하면 돼요.
**식食** 영양분을 얻기 위해 먹는 음식이에요.
**주住** 살아가는 공간이에요. 인간은 주로 집에 살아요.

### 사람은 자연의 존재물과 건물 같은 인공물과 함께 살아요

사람은 동물과 달라서 자연에서만 살기는 힘들어요. 발달한 문명 세계에서 여러 사람이 사회를 이루면서 함께 지내야 해요. 인공적으로 만든 도시나 마을에서 생활을 이어 나가요. 흙이나 나무 같은 자연의 존재물 외에도 인간이 만들어낸 건물 같은 인공물과 함께 살아요. 건물이 자연환경을 해치거나 인구 밀도가 높아지는 문제를 일으킨다고 해도 건물

없이 살지는 못해요. 건물이 없으면 안전하고 편안하게 생활하기 힘들어요. 함께 살아가는 존재인 만큼 건물을 아름답고 생활 환경에 잘 어울리게 지어야 해요.

### 우리가 사는 집은 건물이면서 건축물이에요

우리에게 가장 익숙한 건물은 집이에요. 집은 살아가는 데 꼭 있어야 해요. 학교도 매일 마주치는 건물이에요. 거리로 나가면 우뚝 솟은 빌딩을 볼 수 있어요. 집을 비롯한 우리가 알고 있는 '건물'은 무엇일까요? 건물은 '사람이 들어 살거나, 일하거나, 물건을 넣어 두기 위하여 지은 집'을 통틀어 이르는 말이에요. 건축물은 건축법에서 '땅 위에 지은 구조물 중에서 지붕, 기둥, 벽이 있는 것'을 가리켜요. 우리가 사는 집은 건물이면서 건축물이에요. 사람이 살려면 눈과 비를 피할 수 있는 지붕이 꼭 필요해요.

건조물은 살기 위한 건물을 제외한 나머지를 말해요. 건조물은 건물과 건축물을 포함하는 가장 넓은 개념이랍니다.

### 건설 안에 건축이 포함돼요

공사 현장을 가리킬 때는 건축 현장이라고도 하고 건설 현장이라고도 불러요. 건축과 건설은 조금 달라요. 건축은 영어로 architecture(아키텍처)고, 건설은 construction(컨스트럭션)이에요. 각각 건축물과 구조물을 가리켜요.

**건축** 아파트나 집이나 상가처럼 인간이 살고 활동하기 위한 공간을 만드는 거예요. 사전에는 '집이나 성, 다리 따위의 구조물을 그 목적에 따라 설계하여 흙이나 나무, 돌, 벽돌, 쇠 따위를 써서 세우거나 쌓아 만드는 일'이라고 나와요.

**건설** 다리나 터널이나 댐 등을 만드는 토목을 비롯한 시설물을 설치하거나 만드는 모든 활동을 가리켜요. 사전에는 '건물, 설비, 시설 따위를 새로 만들어 세움'이라고 설명해요.

# 건축의 역사

## 인류의 생활과 함께 발전한 건축

자연은 인간의 생명 원천이고, 살아가는 데 필요한 많은 것을 줘요. 하지만 자연에 있는 그대로 살기는 쉽지 않아요. 햇볕이 뜨겁게 내리쬐거나 기온이 내려가면 인간은 견디기 힘들어요. 내리는 비나 눈을 그대로 맞으면 병에 걸려요. 자연에는 건강을 위협하는 해충도 많고, 목숨을 노리는 맹수도 있어요. 이런 환경 속에서 인간은 본능적으로 어딘가 안전하게 몸을 피하고 편안하게 쉴 수 있는 공간을 찾았어요.

- 초기 인류는 동굴이나 바위틈이나 나무 밑처럼 자연적으로 생겨난 곳에서 몸을 피했어요.
- 이후에는 동물의 뼈나 나무를 이용해 기둥을 세우고 나뭇잎이나 동물의 가죽으로 덮는 식으로 발전했어요. 한곳에 머무르지 않고 이동하며 살았기 때문에, 기둥이나 가죽을 접어서 들고 가기만 하면 되는 편한 구조로 지었어요. 인류가 최초로 건축 활동을 한 때는 후기 구석기 시대라고 알려졌어요.
- 농사를 지어 정착하는 농경 생활이 시작되면서, 한곳에 튼튼하게 집을 지어야 했어요. 나무, 돌, 진흙 등을 재료로 사용하기 시작했어요. 집 안에 음식을 만들거나 난방을 하는 데 필요한 시설도 만들었답니다. 한곳에 머물고 여러 사람이 모여 살게 되면서, 신을 모시는 신전이나 죽은 사람을 위한 무덤도 생겨났어요.

## 고대 건축

**기원전 5000여 년 전~** 고대 문화를 이룬 메소포타미아에서는 진흙과 물을 이용해 벽돌을 만들어 집을 지었어요.

**기원전 3200여 년경~기원전 530여 년** 이집트 왕조 때는 흙과 돌을 이용해 건물을 만들었어요. 피라미드 같은 무덤도 발달했어요.

**기원전 1100여 년~기원전 30여 년** 그리스 시대에는 지중해 연안에 풍부했던 돌을 건축 재료로 사용했어요. 겉을 아름답게 꾸민 신전이 많이 생겨났어요.

**기원전 753년~365년(동로마와 서로마로 분리된 때)** 로마 시대에는 실용적인 건물을 주로 만들었어요. 원형 경기장인 콜로세움이나 목욕탕, 수도교 등을 지었어요.

## 중세 건축

**서기 313년~8세기** 그리스도교가 공인된 이후에는 로마네스크 건축이 시작돼요. 교회 건축이 많이 생겨났어요.

로마의 수도를 비잔티움으로 옮기면서 비잔틴 제국이라고 불렀어요. 이때는 동양과 서양의 문화가 합쳐진 건물이 생겨요. 벽돌과 돌을 많이 이용했고 성당을 많이 지었어요. 사라센은 아라비아 북부의 아라비아인으로 알라신을 믿는 이슬람교에 기반을 둔 제국이에요. 이때는 볼트나 돔 구조를 활용한 커다란 사원이 생겼어요.

**8~13세기** 로마 건축이 게르만족의 영향을 받아 변형된 로마네스크 건축이 발달해요. 주로 성당이나 수도원에서 볼 수 있어요.

**12~16세기** 고딕 건축이 발달해요. 로마네스크에 종교적 분위기를 더 살려서 교회 건축의 대표 양식으로 자리 잡아요.

## 근세 건축

**15세기** 이탈리아에서는 르네상스 건축이 생겨나요.

궁전과 교회 건축이 주를 이뤄요. 바로크 건축은 17세기 중엽에 나타나요. 건축에 회화나 조각이나 공예를 결합해요. 18세기 프랑스에서는 로코코 양식이 생겨나요. 대칭을 따르지 않고 자유롭게 표현해요.

## 과도기/근대/현대 건축

**18세기 중엽~19세기 말** 과도기 건축이라고 불러요.

직선이나 곡선을 교차해 만든 무늬로 기하학적인 형태를 추구하는 신고전주의, 고딕 건축에 민족주의와 도덕주의를 불어 넣은 낭만주의, 철이나 유리나 시멘트를 사용하는 산업 혁명의 건축물이 등장해요. 19세기 말부터는 아르누보와 바우하우스를 비롯해 여러 양식이 등장하는 근대 건축 시대가 열려요. 1950년대 후반 건축은 현대 건축이라고 불러요. ('아르누보'는 '사그라다 파밀리아' 참고)

# 건물의 종류

**주택은 사람이 사는 집이고, 빌딩은 사무실이나 상가가 있는 높은 건물을 말해요**

사람이 사는 곳에는 집 말고도 여러 가지 건물이 필요해요. 물건을 팔거나, 공부하거나, 일하거나, 종교 활동하기에 알맞은 다양한 공간이 있어야 해요. 우리가 건물 밖에서 활동하는 일은 생각보다 많지 않아요. 어딘가로 이동할 때 길을 걷거나, 여행이나 나들이 가는 등 야외 활동할 때 빼고는 대부분 건물 안에서 생활해요. 다양한 건물과 건물을 오가며 하루를 보낸답니다.

건물은 사람이 들어가서 활동할 공간이 있다는 점에서는 비슷하지만, 용도에 따라서 건물이 하는 역할은 달라요. 매우 다양한 건물이 우리 주변에 있답니다. 건물은 여러 가지 기준에 따라 나눌 수 있는데, 주로 용도에 따라 구분해요. 건축법에서는 건물을 용도에 따라 29개로 나눠요. 우리 주변에서 볼 수 있는 건물은 크게 주택과 빌딩이에요. 주택은 사람이 사는 집이고, 빌딩은 사무실이나 상가가 있는 높은 건물을 말해요.

### 아파트

요즘에는 아파트에 사는 사람이 많아요. 높은 건물에 여러 세대가 모여 살고, 건물이 여러 채 모여 단지를 이뤄요. 예전에는 아파트가 높아야 20층 정도였지만, 요즘에는 수십 층짜리 아파트도 생겨났어요. 아파트는 공동 주택의 한 종류예요. 공동 주택은 벽, 복도, 계단 등을 공동으로 사용하면서 각 세대가 건축물 안에서 독립해서 사는 집을 말해요. 아파트는 공동 주택 중에서도 5층 이상이어야 해요. 4층 이하에서는 넓이에 따라 연립 주택이나 다세대 주택으로 나뉘어요.

### 단독 주택

한 집에 한 세대가 사는 집을 말해요. 인구 밀도가 낮아서 굳이 아파트를 짓지 않아도 되는 곳에는 단독 주택을 지어요. 아파트처럼 모여 사는 곳에 익숙하지 않은 사람도 단독 주택을 선호해요. 아파트가 많은 신도시에는 단독 주택 단지를 따로 조성하기도 해요. 여러 집이 모여서 단지를 이루지만, 아파트와 달리 붙어 있지는 않아요.

### 종교 건축물

종교 시설은 종교가 생겨난 오랜 옛날부터 발달해왔어요. 건축 역사의 중요한 한 축을 이룰 정도로 건축과 함께 발전했어요. 종교 건축물은 예배나 의식을 치르는 한 가지 용도만 만족하면 되어서, 자유롭고 아름답게 설계할 수 있어요. 교회, 성당, 사원(모스크), 사찰 등은 특이하고 개성 넘치는 건축물이 많아요. 문화재의 상당 부분도 종교 건축물이 차지한답니다.

### 빌딩

빌딩building은 영어로 건축물을 가리켜요. 우리나라에서는 사무용으로 쓰는 건물을 부르는 말이에요. 우리 주변이나 도심에 서 있는 높고 낮은 건물 대부분이 빌딩이에요. 요즘에는 사무실이 아니어도 아파트를 빌딩 형식으로 높게 짓기도 해요. 높이가 높은 빌딩은 고층 빌딩이라고 불러요. 고층 빌딩 중에서도 높이가 200m가 넘거나 층수가 50층이 넘으면 초고층 빌딩이라고 해요(우리나라 기준).

### 관람장, 전시장, 공연장

여러 사람이 모여서 구경하거나 활동하는 공간도 주변에서 쉽게 볼 수 있어요. 이런 건축물은 여러 사람이 한꺼번에 모여서 보는 곳이라 용도에 따라서 형태나 구조가 일반 건축물과는 아주 다르답니다.

**관람장** 운동 경기가 열리는 축구장이나 야구장, 종합 운동장 등
**전시장** 박물관, 과학관, 박람회장 등
**공연장** 음악, 무용, 연극 등을 볼 수 있는 곳

# 건축에 필요한 다양한 재료

### 집을 지을 때 쓰는 재료는 다양해요

동화 〈아기 돼지 삼 형제〉에는 돼지 삼 형제가 각자 집을 짓는 내용이 나와요. 각각 짚, 나무, 벽돌로 만들었어요. 늑대를 피해 달아나던 돼지 형제는 각자 자기 집에 숨었지만, 짚과 나무로 만든 집은 무너지고 말아요. 결국 막내의 튼튼한 벽돌집에서 돼지 삼 형제는 목숨을 구해요.

- 옛날에는 쉽게 구할 수 있고 가공하기 편한 나무를 주로 썼어요. 나무 건물은 불에 타기 쉽고 높이 짓기 힘든 단점이 있어요.
- 흙, 돌, 벽돌 등도 오랫동안 건축 재료로 쓰였어요.
- 시멘트나 콘크리트는 최신 재료처럼 보이지만 각각 이집트와 로마 시대부터 사용하기 시작했어요.
- 19세기 산업 혁명 시대(1760~1840)에 철과 철근 콘크리트를 쓰기 시작하면서 건축에 큰 변화가 생겨요. 철과 콘크리트의 특성을 더 단단하게 할 수 있게 되면서 초고층 빌딩도 생겨났어요.

### 가장 오래된 건축 재료, 나무

나무는 구하기 쉽고 가볍고 부드러운 데다가 가공하기도 쉬워요. 옛날에는 건물을 받치는 기둥으로 쓰기도 했지만, 요즘처럼 크고 높이 올라가는 건물에는 알맞지 않아요. 자연 느낌을 주기 때문에 장식하는 재료로 많이 쓴답니다.

### 구워서 만든 점토 벽돌과 굳혀서 만든 시멘트 벽돌

오래전부터 있던 재료지만 요즘에도 많이 사용하고 주변에서도 흔히 눈에 띄어요. 요즘 벽돌은 흙이나 시멘트로 만들어요. 흙으로 만드는 점토 벽돌은 열로 구워내고, 시멘트 벽돌은 시멘트와 모래와 자갈을 물과 섞은 후에 굳혀서 만들어요.

여름에는 실내 공기가 뜨거워지고 겨울에는 금방 식어서 냉난방 비용이 더 들어요.

### 단단하고 불에 타지 않는 돌

가공하거나 천연 상태 그대로 사용해요. 천연 돌은 색과 무늬를 그대로 쓸 수 있어서 건물을 아름답게 꾸밀 때 쓰기 좋아요.

### 자르거나 구부리기 쉬운 금속

건물 외벽을 금속으로 덮기도 해요. 알루미늄, 스테인리스 스틸, 구리, 아연 등 다양한 금속이 건축 재료로 쓰여요. 자르거나 구부리기 쉬워서 모양을 내기 좋고, 색도 여러 가지로 표현할 수 있어요.

### 다른 재료보다 가벼운 유리

유리는 다른 재료와 비교하면 상대적으로 가벼워서 건물의 무게를 줄여줘요. 건물에 쓰이는 유리는 단단해서 잘 깨지지 않아요. 햇빛이 통과해서 실내는 밝지만,

### 인장력이 강한 철근과 압축력이 강한 콘크리트를 합친 철근 콘크리트

철근은 가느다랗고 긴 철이고, 콘크리트는 시멘트에 물과 모래와 자갈을 섞은 것을 말해요. 두 재료를 합치면 매우 단단해져요. 콘크리트는 누르는 힘에는 잘 견디지만 당기는 힘에는 약해요. 철근은 반대로 당기는 힘에는 잘 견디지만 누르는 힘에는 약해요. 두 가지를 결합하면 누르는 힘과 잡아당기는 힘에 모두 강해져서 튼튼한 건물을 지을 수 있어요. 인장력은 양쪽에서 잡아당길 때 생기는 힘, 압축력은 반대로 양쪽에서 밀 때 생기는 힘이에요.

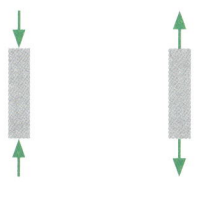

압축력과 인장력

# 정해진 순서에 따라 시간을 지켜가며 지어야 하는 건물

### 건물을 짓는 과정은 신기한 마법 같아요

공사 현장을 지나가다 보면, 처음에는 맨땅에 아무것도 없다가 어느새 번듯한 건물이 들어서 있어요. 몇 년에 걸쳐서 아주 높은 건물이 생기기도 하고, 텅 빈 들판이 번듯한 도시로 변하기도 해요. 건물은 며칠 만에 뚝딱 생기지 않아요. 작은 건물이라도 몇 달은 걸리고, 큰 건물은 몇 년씩 진행해요. 정해진 순서에 따라 시간을 지켜가며 지어야 안전하고 튼튼한 건물이 돼요.

### 건축은 계획, 설계, 시공 단계를 거쳐요

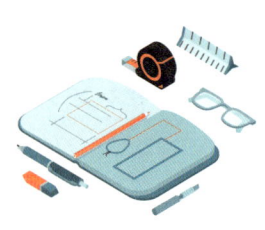 

**계획**
어떤 건물을 지을지 구상하는 단계예요. 어느 땅에 지을지, 비용은 어떻게 마련할지 등을 정해요.

**설계**
건축물을 짓기 위해 어떤 모양으로 만들고 안에는 어떻게 꾸밀지 결정하고 도면으로 그려내요.

**준공**
공사를 끝마쳐요.

**내장 공사**
건물 안을 사람이 활동할 수 있는 공간으로 사용하도록 꾸미는 공사예요.

**외장 공사**
골조 공사로 뼈대를 완성하면 건물의 바깥 면에 마감재를 더해서 멋지게 꾸며요.

 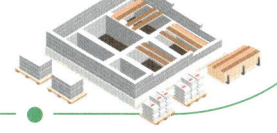

**기초 공사**
건축물이 잘 서 있도록 토지를 다지는 공사예요. 기초 공사를 잘해야 건물이 튼튼하게 잘 서 있어요.

**골조 공사**
철근 콘크리트 공사를 말해요. 1층부터 차근차근 기초를 쌓아 올라가요.

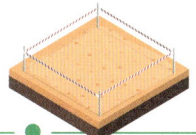

**가설 공사**
공사를 하면서 임시로 설치했다가 철거하는 공사를 말해요. 먼지가 밖에 흘러나가지 않게 가림막을 치거나, 천정이 무너지지 않게 받치는 가설재를 세우거나 하는 과정이에요.

**허가**
설계 도면을 가지고 관청에서 허가 받아요.

**시공사 선정**
건물을 지을 회사를 정해요. 시공은 도면에 나온 대로 건축물을 짓는 과정을 말해요.

**착공**
공사를 시작해요.

# 건물을 지을 때 필요한 장비

### 건물을 지을 때는 장비를 잘 갖춰야 해요

바닷가에서 모래놀이를 해본 적이 있나요? 모래를 손에 얹고 잘 다진 후 빼면 작은 집이 생겨요. 손재주가 좋으면 모래로 성도 쌓고 여러 가지 모양을 만들 수 있어요. 작은 삽이나 갈퀴 등 놀이 기구를 이용하면 모래놀이가 더 재미있어져요.

사람의 힘만으로는 건물을 짓기 힘들어요. 크고 높은 건물을 적절한 시기에 지으려면 장비를 잘 갖춰야 해요. 토목 공사에 쓰는 중량이 큰 기계를 중장비라고 해요. 굴삭기나 트럭 등이 있어요.

### 크레인

기중기라도 불러요. 높은 곳으로 물건을 옮길 때 필요해요. 보통 들어 올리는 부분이 차에 달려 있어요.

고층 건물을 지을 때는 아주 높이 물건을 올려야 해서 탑처럼 서 있는 타워 위에 크레인을 올려요. 타워 크레인은 고층 공사 또는 선박에서 물건을 들어 올릴 때 사용해요.

### 덤프트럭

공사 현장에 흙이나 돌을 실어 날라요. 화물이 실린 부분 뒤쪽에 열리는 칸막이가 달려 있어서, 제자리에서 들어 올리면 자연스럽게 실린 자재가 쏟아져 내려요.

### 굴착기

기초를 다지기 위해 땅을 팔 때 꼭 필요해요. 팔처럼 생긴 기계 끝에 큰 삽이 달려서 땅을 넓고 깊게 팔 수 있어요.

### 콘크리트 믹서 트럭

보통 믹서 트럭 또는 레미콘 트럭이라고 불러요. 레미콘은 시멘트와 골재를 미리 섞어 놓은 것을 말해요. 믹서 트럭은 레미콘을 굳지 않은 상태로 운반하는 차예요.

### 콘크리트 펌프

액체 상태 콘크리트를 옮기는 장비예요. 건물을 지을 때 콘크리트를 붓는 역할을 해요. 커다란 팔처럼 생긴 관을 이용해서 믹서 트럭에서 받은 레미콘을 거푸집으로 옮겨요.

### 지게차

건축 현장에는 옮겨야 할 짐이 많아요. 무겁고 큰 짐은 사람이 일일이 옮길 수 없어서 지게차가 날라요. 5m 높이까지는 거뜬히 무거운 짐을 옮길 수 있어요.

> **콘크리트와 레미콘**
>
> **콘크리트** 보통 시멘트와 물과 모래와 자갈을 섞은 건축 재료를 말해요. 처음 재료를 섞었을 때는 굳지 않은 상태여서 여러 가지 형태를 만들 수 있고 시간이 지나면 단단하게 굳어요. 콘크리트는 인간이 물 다음으로 많이 쓰는 물질이라고 할 정도로 우리 주변에서는 흔히 볼 수 있어요.
>
> **레미콘** 콘크리트는 만드는 공장에서 시멘트를 비롯한 재료를 미리 섞어 놓은 것으로 굳기 전 상태 콘크리트를 가리켜요. 믹서 트럭(또는 레미콘 트럭)은 레미콘을 굳지 않은 상태로 유지하며 공사 현장으로 실어 나른답니다.

# 건축에 참여하는 사람들

### 건물을 지을 때는 여전히 사람의 역할이 커요

건물을 지을 때는 장비를 동원하고 기계가 사람이 할 일을 대신하기도 하지만, 여전히 사람의 역할이 커요. 지을 때는 물론 계획하고 마무리하는 순간까지 다양한 사람이 공사에 참여해요. 세계에서 가장 높은 빌딩인 브루즈 할리파를 지을 때는 5년 동안 850여만 명이 투입됐어요. 많을 때는 하루에 1만 2000여 명이 한꺼번에 일하기도 했어요. 작은 건물이라도 지으려면 몇 달은 걸려요. 일하는 인원의 수가 적지 않아요. 여러 사람의 땀과 노력이 모여 멋진 건물이 탄생해요.

### 발주자

건축물을 지을 목적으로 건설 사업을 주도하는 사람이에요. 개인일 수도 있고 업체나 기관이 되기도 해요. 공사 전부를 맨 처음 맡기는 주체예요.

### 설계자

발주자의 요청으로 건축물을 설계해요. 건축사 개인이나 건축 사무소가 담당해요. 건축주가 구상하거나 원하는 바를 도면에 그려내요.

### 시공사

건축물을 짓는 업체예요. 건설업 면허를 가지고 설계도에 따라 건축물을 지어요. 여러 사람이 공사와 관련된 일을 처리해요.

### 건설 사업 관리자

발주자를 대신해서 설계·입찰·시공·유지·관리 등 업무를 수행해요. 건축물이 커지고 복잡해지면서 건설 사업 관리자의 역할도 중요해지고 있어요.

### 감리자

설계도에 따라 공사가 제대로 진행되고 있는지 확인해요. 공사가 부실하게 진행되지 않도록 감독한답니다.

### 전문 기술자

건축 구조, 건축 설비, 건축 전기, 조명, 토목 등 전문 기술을 제공해요.

### 건설 기능공

공사 현장에서 일해요. 나무를 다루는 목공, 철골을 가공하는 철골공, 철재나 배관을 용접하는 배관공, 벽돌을 붙이는 조적공, 누수를 방지 작업을 하는 방수공, 페인트를 바르는 도장공 등 세부 분야 일을 담당해요.

# 건축가와 건축사

### 건물을 설계하는 건축가와 건축사

도시에는 건물과 도로만 있다고 해도 될 정도로 건물이 많아요. 도시가 아닌 곳도 사람이 모여 사는 곳에는 어김없이 집과 건물이 있어요. 수많은 건물의 모양이 비슷하면 거리 풍경이 삭막할 거예요. 이상하고 못생긴 건물이 많다면 도시도 보기 흉해져요. 건물이 목적에 맞게 기능을 다하려면 뼈대를 이루는 구조를 정하는 일이 중요해요. 멋지고 아름답고 용도에 맞는 건물이 탄생하려면 건물을 잘 설계해야 해요.

### 건축에 대한 전문지식을 갖추고 건축물을 설계하는 건축가

건축가는 건물을 설계하고, 건축에 관여한 모든 사람과 진행 과정을 관리해요. 작은 건물부터 초고층 빌딩에 이르기까지 건축가의 손을 거쳐 탄생해요. 건축물은 겉으로 볼 때 아름다워야 하고, 기능도 우수해야 해요. 두 가지가 조화를 이룬 건축물을 만들려면 건축가는 미적 감각도 있어야 하고 공학 지식도 갖춰야 해요. 건물을 구상해서 현실화하는 종합 예술가예요. 건축가의 범위는 넓어서 건축 관련 분야의 전문가를 건축가라고 부르기도 해요.

### 건축 설계 사무소를 운영할 수 있는 면허를 가진 건축사

건축사의 주요 업무는 건축 설계예요. 부지 조사나 감리를 위해 건설 현장에 나가기도 해요. 건축사법에 따라 시행하는 건축사자격시험에 합격해야 건축사 자격증을 받을 수 있어요. 5년제 건축학과를 졸업하고 3년 동안 실무를 익혀야 건축사 시험을 볼 자격이 주어져요. 4년제 대학과 5년 실무, 2년제 전문대학과 실무 7년이어도 자격을 얻어요. 시험은 1년에 한 번 보는데 400~500명 정도 뽑아요. 응시자의 10% 정도만 붙기 때문에 건축사가 되기는 쉽지 않아요. 건축사는 건축가가 되지만, 건축가는 시험에 통과하지 못하면 건축사가 될 수 없어요. 유명한 건축가 모두 건축사 자격증을 갖고 있지는 않답니다.

 **컴퓨터의 발전과 건축 기술의 발달**

**CAD** 1980년대부터 보급됐던 '컴퓨터 지원 설계(Computer Aided Design)'를 가리켜요. 건축을 비롯해 여러 산업 분야에 쓰여요. CAD가 나오면서 수작업으로 하던 설계를 컴퓨터로 할 수 있게 됐어요. 설계에 걸리는 시간도 단축되고 필요한 인원도 줄어들었어요.

**BIM** CAD보다 한 단계 발전한 기술이에요. BIM은 '빌딩 정보 모델링(Building Information Modeling)'을 줄인 말이에요. 설계에서부터 철거할 때까지 수명 기간 전체에 걸쳐 건물과 관련한 다양한 분야의 정보를 생산하고 관리하는 기술이에요. CAD가 2D(평면) 위주라면, BIM은 3D(입체)에 기반해요. BIM을 이용하면 복잡한 건축물을 효율적 짓고 유지·관리할 수 있어요. 동대문 디자인 플라자, 롯데월드타워, 두바이 미래 박물관, 카타르 알투마마 월드컵 경기장 등이 있어요.

**VR·AR·AI** 건축 분야에도 디지털 이미지를 실제 모습처럼 보여주는 가상 현실(VR, Virtual Reality)과 증강 현실(AR, Augmented Reality), 인공 지능(AI, Artificial Intelligence) 등의 첨단 기술을 적용해요. VR과 AR을 이용하면 건물을 짓기 전에 완성된 모습, 주변 환경, 실내 구조 등을 미리 볼 수 있어요. 현장에서 일하는 사람을 대상으로 가상으로 장비 사용이나 안전 교육을 시행하기도 해요. 공사할 때 품질 관리나 다 지은 후 유지·관리할 때도 도움을 줘요. AI를 활용하면 설계 시간을 줄이거나 가장 적합한 설계 방법을 찾아낼 수 있어요. 건축 과정 전반에 걸쳐서 더 안전하고 정교한 건물을 짓는 데 AI가 큰 역할을 해요.

# 건축물과 랜드마크

자유의 여신상
미국

구세주 그리스도상
브라질

### 랜드마크(landmark)는 땅(land)에 있는 표시(mark)라는 뜻이에요

《헨젤과 그레텔》 동화에는 헨젤과 그레텔 남매가 집에 다시 돌아가기 위해 길에다 돌을 떨어뜨려 표시하는 내용이 나와요. 두 번째는 빵을 뿌려 놨다가 새들이 먹어버리는 바람에 길을 잃어요. 등산하는 사람들은 길을 잃지 않기 위해 나무에다 일정한 간격을 두고 끈을 묶어서 표시해놔요. 자주 다니는 사람은 굳이 끈을 묶지 않더라도 나무나 바위를 이용해 위치를 파악해요. 자신의 위치를 파악할 때는 표시를 해놓거나 표시가 될 만한 땅의 모양이나 물건을 기억해두면 돼요.

옛날에는 누군가의 영토를 확인할 때 표시가 될 만한 나무, 산, 강을 활용했어요. 멀리 여행하다가 원래 장소로 돌아올 때도 지역을 나타내는 표시를 보고 찾아왔어요. 도시가 발달한 요즘 시대에는 눈에 띄는 건물을 랜드마크라고 불러요. 누군가에게 자기가 사는 지역을 설명할 때 대표적으로 설명하는 건물을 생각해봐요. 상대가 찾기 쉽도록 눈에 띄는 건물을 먼저 설명할 거예요. 고속도로 주변에 눈에 잘 띄는 특정 건물이나 구조물은 그 지역이 어느 지점인지 알려주는 역할을 해요.

## 지역을 상징하는 명소 역할을 하는 랜드마크

랜드마크는 위치를 표시하는 역할에 그치지 않아요. 지역을 상징하는 명소 역할도 해요. 유명한 랜드마크를 보기 위해 관광객이 몰려들어서 도시가 발전하는 효과를 내요. 도시의 개성을 살리거나 외부에 알리는 역할도 랜드마크가 톡톡히 해내요. 유명한 랜드마크는 전 세계에 알려져서 도시는 물론 한 나라의 상징이 돼요. 자연적으로 사람들 눈에 띄어서 랜드마크가 되기도 하지만, 일부러 도시의 경쟁력을 높이기 위해 랜드마크를 만들어요. 요즘에는 초고층 건물이 많이 생기고 있어요. 높은 건물은 눈에 잘 띄어서 랜드마크로 삼기에 좋아요. 초고층 건물이 도시의 새로운 랜드마크로 자리 잡아가고 있어요.

## 랜드마크가 되려면 몇 가지 조건이 맞아야 해요

단순히 크거나 높거나 특이하게 생겼다고 해서 랜드마크가 되지는 않아요. 지역을 상징하는 건축물이어야 해요. 찾아가기도 쉬워야 해요. 눈에 잘 띄지만 방문하기 힘들다면 랜드마크 역할을 다한다고 볼 수 없어요. 여러 가지 경험도 제공해야 해요. 사람들이 머물고 즐길 수 있는 무엇인가가 있어야 해요. 잘 만든 랜드마크 하나가 망해가는 도시를 되살리고, 지역 경제를 이끌어가요. 랜드마크의 중요성은 더욱 커지고 있어요.

# 생활 속에서 알아두면 좋은 건축 용어

건축물은 우리 일상생활에서 늘 마주치는 존재예요. 건물에 둘러싸여 산다고 해도 될 정도로 주변에는 건축물이 많아요. 생활하면서 건축과 관련된 말을 종종 들어요. 우리 대화 속에도 건축과 관련한 용어가 알게 모르게 나와요. 학교에서는 선생님이 "계단 올라갈 때는 조심해라"라고 말씀하세요. 새 친구를 만나면 "나는 ○○○○ 아파트에 살아"라고 자기 소개해요. 집에서는 엄마가 "베란다에서 ○○○ 가져와라"라고 심부름을 시켜요. 계단, 아파트, 베란다는 다 건축과 관련 있는 용어예요.

## ㄱ

**계단** 한 층에서 다른 층으로 오르내리도록 하는 연속해서 이어지는 단이에요.

**고층 건물** 층수가 30층 이상이거나 높이가 120m 이상인 건물이에요.

**공동 주택** 여러 가족이 독립된 공간에서 모여 사는 건물이에요. 계단이나 복도를 같이 써요.

**기둥** 지붕이나 바닥을 받치는 수직으로 선 구조물이에요.

**기초** 건물을 땅에 세울 때 맨 밑부분을 말해요. 건물을 지탱하는 부분이에요.

## ㄴ

**내진/내화** 내진과 내화는 각각 지진과 불을 견뎌내는 특성이에요.

건축물과 땅이 만나는 곳에 꾸며놓은 공간이에요. 1층 실내와 연결되는 야외 부분이죠.

**방수** 건물에 물이 들어오거나 나가지 않도록 하는 작업이에요.

**벽** 건물의 바깥 둘레나 내부의 칸막이가 이루는 수직 부분이에요.

## ㅅ

**설계** 건물을 짓기 위해 필요한 기능, 형태, 구조를 결정하고 구체화하는 과정이에요.

**신축** 건물이 없는 땅에 새로 건물을 짓는 거예요.

## ㅇ

**연면적** 지하를 제외하고 각 층의 바닥을 모두 합친 면적이에요.

**일조권** 건물을 지을 때 가까운 곳에 있는 건물에 햇빛이 일정량 비치도록 보장하는 권리예요.

## ㅈ

**제곱미터** 평방미터라고도 해요. 면적을 나타내요. 가로세로 각각 1m면 1제곱미터(㎡)가 돼요.

**증축** 원래 있는 건물의 층을 올리거나 면적을 넓히는 거예요.

**지붕** 건물의 맨 위를 덮어서 빗물이 바깥으로 흘러내리게 하는 부분이에요.

## ㅍ

**패널** 건축에 쓰이는 넓고 얇은 판을 가리켜요.

## ㄷ

**단독 주택** 한 세대가 한 건물에 사는 집을 말해요.

**도면** 건물을 짓는 과정을 그림으로 알기 쉽게 표시한 거예요.

## ㄹ

**리모델링** 건물을 수리하거나 일부분을 새로 만드는 것이에요.

## ㅂ

**발코니/베란다/테라스** 발코니는 건물 외벽에 추가로 설치하는 공간이에요. 건물에 포함되지 않고 툭 튀어나와 있어요. 우리가 아파트 베란다라고 부르는 곳은 실제로는 발코니예요. 베란다는 아래층 지붕 위에 있는 공간이에요. 아래층 지붕이 위층 바닥이 되는 거예요. 테라스는

## 못다 한 건축 수업 ①

# 프리츠커상과 세계 건축 축제

1회 프리츠커상을 받은 필립 존슨의 유리의 집

### 건축계의 노벨상, 프리츠커상

프리츠커상의 정식 명칭은 '프리츠커 건축상Pritzker Architecture Prize'이에요. 건축 작업에 재능과 비전을 보이고, 건축이라는 예술을 통해 인류와 건축 환경에 공헌한 건축가에게 주는 상이에요. 건축 분야에서는 최고 권위를 인정받는답니다.

프리츠커는 상을 제정한 사람 이름이에요. 하얏트호텔 체인 회장인 제이 프리츠커와 신디 프리츠커 부부가 1979년 상을 만들었어요. 1967년 문을 연 하얏트 리젠시 애틀랜타 호텔은 모든 객실이 건물 안쪽 로비를 향한 아트리움 구조를 선보였어요. 프리츠커 부부는 이런 구조가 호텔 직원과 이용객에 긍정적인 영향을 미친다고 확신했어요. 건축이 미치는 영향을 깨달은 프리츠커 부부는 건축상을 만들어보자는 주변의 제안을 받아들여 상을 만들었다고 해요.

프리츠커상은 건축을 비롯해 교육과 문화 등 여러 분야 전문가로 이뤄진 심사위원들이 투표로 수상자를 뽑아요. 수상자의 국적, 인종, 이념 등은 따지지 않는다고 해요. 수상자는 상금 10만 달러와 건축가 루이스 설리번이 디자인한 청동 메달을 받아요.

1979년 1회 수상자는 미국의 건축가 필립 존슨이에요. 이후 브라질의 오스카르 니에메예르, 일본의 안도 다다오, 영국의 노먼 포스터, 영국의 자하 하디드 등 유명한 건축가들이 프리츠커상을 받았어요. 2010년대 중반부터는 이전과 경향이 달라져서 지역과 사회를 고려한 건축가들에게 상을 주고 있어요. 2022년에는 아프리카 부르키나파소 출신 건축가 디에베도 프랑시스 케레가 상을 받았어요. 진흙을 비롯한 토착 재료를 이용해 학교, 병원, 공원 같은 공공건축을 시도한 점을 인정받았어요.

오슬로 오페라 하우스  국립 21세기 미술관(이탈리아)

## 건축계의 올림픽, 세계 건축 축제

올림픽은 4년에 한 번씩 전 세계 나라가 참여하는 스포츠 축제예요. 지구상에서 열리는 가장 큰 행사이기도 해요. 건축 분야에서는 세계 건축 축제 World Architecture Festival, WAF가 올림픽 같은 행사예요. 시상, 세미나, 교류 등 건축인들이 모여서 벌이는 축제라고 할 수 있어요. 세계 건축 축제는 전 세계 건축의 우수성을 기리고 함께 나누기 위해 2008년에 시작되었어요. 스페인 바르셀로나, 싱가포르, 독일 베를린, 네덜란드 암스테르담 등지에서 열렸어요. '올해의 건축상'도 뽑는데, 미래 프로젝트·완공된 건축물·경관 부문 등 세 개 분야로 나눠서 상을 줘요. 노르웨이의 오슬로 오페라 하우스, 이탈리아 국립 21세기 미술관, 미국의 8 스푸르스 스트리트 빌딩 등 해마다 여러 건축물이 뽑혀요.

**노벨상**

노벨상은 지적인 분야에서 업적을 세운 사람에게 주는 상이에요. 물리학·화학·생리의학·문학·평화 5개 분야에서 상을 줘요. 노벨상은 스웨덴 발명가이자 실업가인 알프레드 노벨(1833~1896)이 만든 상이에요. 1895년 자기 재산을 내놓고 인류에 가장 큰 공헌을 한 사람에게 해마다 상을 주라는 유언을 남겼어요. 노벨상은 과학 분야는 물론 일반인들도 알 정도로 널리 알려졌어요. 세계에서 가장 권위 있는 상 중의 하나로 인정받아요.

높고 길고 넓고 낮고 둥근 건축물

## 2부

# 건축물의 다양한 형태

집을 간단하게 그려보라고 하면 대부분 사각형에 삼각형 지붕으로 표현해요. 빌딩은 세로로 긴 직사각형으로 그릴 거예요. 이처럼 머릿속에 떠오르는 건축물의 특징은 비슷하지만, 실제로 건축물의 형태는 매우 다양해요. 오이처럼 생기거나, 물결을 형상화하거나, 도넛처럼 동그랗거나, 뒤틀려 있는 등 사각형에서 벗어난 건물도 많아요.

우리 주변에는 무수히 많은 건축물이 있어요. 사각형 건축물이 많이 모인 곳을 보면 단조로워 보여요. 그 사이에 형태가 특이한 건축물이 끼어 있으면 풍경에 생기가 돌고 보는 재미도 커져요. 건축가의 아이디어와 발달한 기술이 조화를 이뤄서 건물의 형태는 더 다양해지고 있어요. 한번 지으면 오랫동안 자리를 지키면서 계속 눈에 들어오는 만큼 건축물의 형태를 어떻게 할지는 매우 중요한 문제예요.

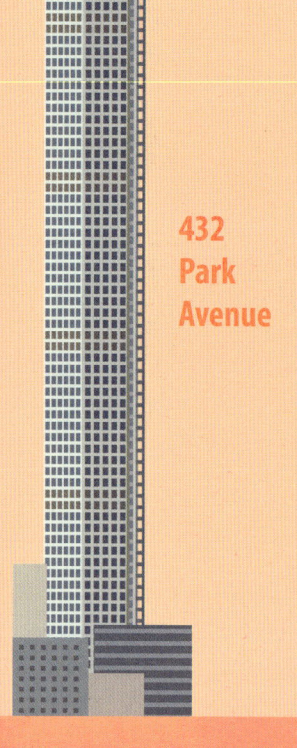

432 Park Avenue

Bodegas Ysios

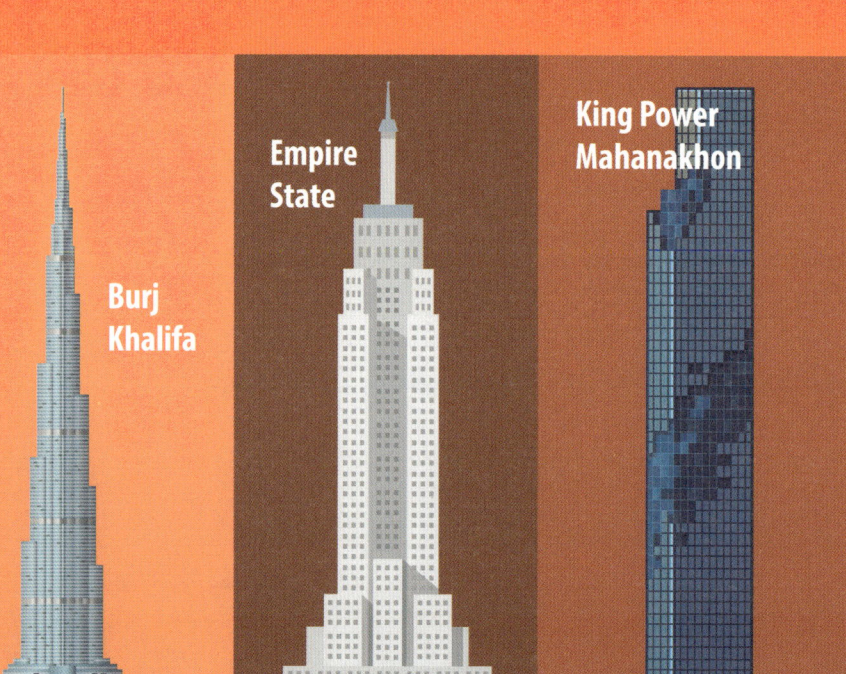

Burj Khalifa

Empire State

King Power Mahanakhon

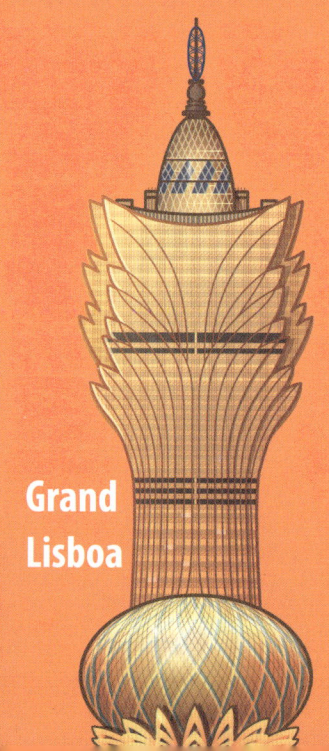

Grand Lisboa

| 좁은 공간에 높이 솟은 연필 타워

# 432 파크 애비뉴

**432 Park Avenue**

2015년 완공  **설계** | 라파엘 비놀리

### 도시의 공간 문제를 해결하는 연필 타워

사람들은 도시에 살고 싶어 해요. 도시는 기반 시설이 발달해서 생활하기에 편리하고, 경제, 문화, 교육 등 여러 분야에서 수준 높은 경험을 할 수 있어요. 사람도 많이 살아서 교류하기에도 좋아요. 도시에 살고 싶어 하는 사람이 많다 보니 도시는 늘 사람으로 가득해요. 더 많은 사람이 도시에 살려면 건물을 지어야 해요. 그런데 도시는 이미 건물이 가득 차서 땅이 부족해요.

연필 타워는 도시의 공간 문제를 해결하는 방법이에요. 이전부터 높은 건물은 많았는데, 건물이 높이 올라가려면 바닥이 어느 정도 넓어야 해요. 그래야 안전하게 서 있어요. 연필 타워는 좁은 땅에 높이 올린 건물이에요. 연필처럼 가늘게 생겼다고 해서 연필 타워라고 불러요.

### 뉴욕을 대표하는 연필 타워, 432 파크 애비뉴

432 파크 애비뉴는 미국 뉴욕시 중심부 맨해튼섬에 있는 연필 타워예요. 사람이 사는 아파트예요. 지어진 곳 주소가 이름이 됐어요. 높이는 426m이고, 맨해튼에서는 네 번째로 높은 건물이에요. 바닥은 가로세로 길이가 28m에 불과해요. 사각형으로 단순하게 생긴 모양과 가늘고 높게 솟은 형태가 독특해서 뉴욕을 상징하는 새로운 랜드마크로 자리 잡았어요. 432 파크 애비뉴는 고급 주거 시설이에요. 각 층의 가격은 수백억 원이고, 꼭대기 층은 1,000억 원이 넘어요. 뉴욕에 살고 싶어 하는 부유층을 위한 주거 공간이 부족해지자 가늘고 높게 올린 거예요.

### 432 파크 애비뉴의 가로세로 비율은 15대 1이에요

연필 타워의 적절한 세장비는 12대 1인데, 432 파크 애비뉴는 15대 1이에요. 세장비가 크면 바람에 잘 흔들려요. 432 파크 애비뉴는 초강력 콘크리트와 바람을 견디는 설계를 적용해 건물의 강도가 일반 빌딩보다 15배 강해졌다고 해요.

연필 타워에는 단점이 있어요. 바닥 면적이 좁은 편이어서 엘리베이터를 설치할 공간이 부족하고, 한 층에 여러 시설이 들어오지 못해서 공간 효율이 떨어져요. 이미 빌딩이 들어찬 도심의 좁은 공간에 짓기 때문에 건축하기도 쉽지 않아요.

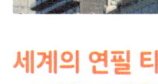
원 57 ⓒ Godsfriendchuck

**세장비**
건물의 바닥 한 면 너비와 높이 비율을 세장비라고 해요. 세장비가 10대 1이 넘으면 연필 타워라고 불러요.

**세계의 연필 타워**
연필 타워는 홍콩이 유명해요. 워낙 땅이 좁고 인구가 많아서 가늘고 높은 건물을 많이 만들었어요. 미국 뉴욕의 원 57과 스타인웨이 타워, 홍콩의 하이클리프를 비롯해 여러 연필 타워가 있어요.

### 스카이 스크레이퍼 vs 스카이 스크래처
도시에 높은 빌딩이 모여 있는 곳을 '마천루'라고 불러요. 하늘을 찌를 듯이 높이 솟은 건물이라는 뜻이에요. 영어로는 하늘을 긁는다고 해서 스카이 스크레이퍼(scraper, 넓적한 긁는 도구)라고 불러요. 연필 타워가 늘어나면서 스카이 스크래처라는 말이 새로 생겼어요. 스크래처(scratcher)는 가느다란 긁는 도구를 말해요.

■ 네모에서 벗어난 오이 닮은 빌딩

# 30 세인트 메리 액스

**30 Saint Mary Axe**

2004년 완공
**설계** | 노먼 포스터

### 영국의 3대 랜드마크

영국 런던에 있는 30 세인트 메리 액스는 모양이 독특한 빌딩이에요. 마치 피클 만들 때 쓰는 오이나 총알 또는 포탄처럼 생겼어요. 건물 이름은 주소 그대로 써서 '30 세인트 메리 액스'이지만, 거킨(Gherkin, 작은 오이) 빌딩으로 유명해요. 런던에서는 밀레니엄 브리지와 런던 시청과 함께 영국의 3대 랜드마크로 꼽혀요.

### 원추형(원뿔형)

바닥은 원형이고 위는 꼭짓점인 도형을 말해요. 총알이나 포탄처럼 원기둥처럼 올라가다가 위만 뾰족하거나, 고깔이나 아이스크림콘처럼 옆에서 봤을 때 삼각형 모양인 것도 있어요.

## 30 세인트 메리 액스는 런던의 변화의 맞춰서 생겨났어요

2000년 런던 시장에 뽑힌 켄 리빙스턴은 랜드마크를 만들어서 런던을 발전시킬 계획을 세웠어요. 처음에 건물 짓는 계획이 알려졌을 때는 반대가 심했어요. 오랜 역사를 이어오는 런던의 고전적인 분위기에 맞지 않는다는 이유였어요. 지금은 영국인의 사랑을 받는 건물이 되었답니다. 런던 시내에는 높은 건물이 없었는데, 거킨 빌딩이 생기고 나서 새로운 고층 건물이 계속해서 생겨났어요. 거킨 빌딩이 고층 건물에 대한 부정적인 생각을 긍정적으로 바꿔놓았기 때문이에요.

## 30 세인트 메리 액스는 친환경 건물이에요

30 세인트 메리 액스의 외벽은 이중 유리로 되어 있어요. 유리 사이 공간으로 여름에는 더운 공기가 빠져나가고 찬 공기가 들어와 온도가 낮아져요, 겨울에는 유리 사이 공기가 단열재 역할을 해요. 창문과 블라인드가 날씨에 따라 자동 조절되어서 들어오는 빛의 양을 조절해요. 크기가 비슷한 건물과 비교해서 에너지를 40% 정도밖에 쓰지 않아요. 둥근 건물 형태는 바람의 저항도 줄인답니다.

## 30 세인트 메리 액스의 뼈대는 삼각형이에요

삼각형은 구조적으로 안정된 모양이에요. 삼각형은 모서리에 힘을 주면 다른 두 개의 모서리로 힘이 나뉘어서 잘 버텨요.

### 특별한 모양의 건물이 놀이동산에만 있는 이유

놀이동산에 가면 신기한 집이 많이 있어요. 과자로 만든 집도 있고, 귀신이 나오는 허름한 집도 보여요. 뾰족뾰족 탑이 솟은 성도 있고, 만화 속에 나올 법한 우스꽝스러운 건물도 만들어놨어요. 우리 주변에도 이런 건물이 있다면 거리가 놀이동산 같을 거예요. 놀이동산에 있을 법한 건물을 우리 주변에서 보기는 힘들어요. 짓기도 힘들고 지어놔도 활용하기 쉽지 않아서 그래요. 놀이동산만큼은 아니지만 특별한 모양을 한 건물은 하나둘 늘고 있어요. 상자처럼 각지고 네모난 건물에서 벗어나 독특한 모양으로 보는 재미를 안겨주는 건물이 생겨나요.

# 지상에서 즐기는 깊은 물속 세계

**딥 다이브는 수영장이자 수중도시예요**
물만 덩그러니 채워 놓은 수영장이 아니라 안에 도시를 꾸며놨어요. 폐허처럼 꾸며서 마치 영화 속에 나오는 오래된 수중 도시 같아요. 스포츠나 오락 시설도 갖춰서 잠수하면서 재미난 경험을 할 수 있어요. 분위기가 워낙 독특하고 신비로워서 영화 촬영 장소로도 쓰여요.

• 딥 다이브

두바이

아랍에미리트

# 딥 다이브

**Deep Dive Dubai**

아랍에미리트

2021년 완공

### 현재 세계에서 가장 깊은 수영장, 딥 다이브

물속 세계는 신기해요. 물고기들이 유유히 헤엄쳐 다니고, 흐늘거리는 해초와 형형색색 산호초가 독특한 풍경을 만들어요. 모험가들에게 물속은 호기심의 대상이에요. 바닷속에 가라앉은 배에 들어 있는 보물을 찾으러 가거나, 오랜 옛날 가라앉아 수중 도시가 되어 버린 유적을 탐사해요. 흥미롭고 신비하지만, 물속 세계에 접근하기는 어려워요.

수영장에서는 안전하게 물속 세계를 즐길 수 있어요. 보통 수영장은 사람 키 높이 정도예요. 세계 곳곳에는 물속 세계를 즐기도록 만들어놓은 깊은 수영장이 있어요. 잠수 장비를 갖춘 후에 바다나 깊은 호수에서 잠수하듯이 물속 세계를 돌아다녀요.

딥 다이브는 이름부터 '깊이$^{deep}$ 잠수하다$^{dive}$'예요. 깊이는 60m예요. 건물 한 층을 3m라고 하면 20층 건물에 해당해요. 이전에 가장 깊은 곳은 폴란드에 있는 딥스팟으로 45m예요. 딥 다이브는 깊이도 깊고 규모도 커요. 수영장에 들어찬 물의 양은 1400만 리터인데 올림픽 규격 수영장 6개를 합친 규모예요. 수온은 항상 섭씨 30도를 유지하고, 필터를 이용해 6시간에 한 번씩 물을 정화한답니다. 이용자의 안전을 위해 카메라 56대가 감시해요. 물속에서 대피할 수 있는 고압실도 마련해놓았어요.

### 수압과 잠수

수압은 물이 누르는 압력이에요. 물속 깊이 들어가면 그만큼 위에서 많은 물이 누르기 때문에 수압이 높아져요. 수심이 10m 깊어질 때마다 1기압씩 늘어나요. 1기압은 가로세로 1cm 면적에 10m 물기둥이 누르는 힘이에요.

인간의 몸은 압력에 견디기 힘들어요. 장비를 갖춘 전문 스쿠버 다이버도 물속에서 최대 40m 정도밖에 들어가지 못해요. 더 깊이 들어가려면 압력에 적응하는 과정을 거쳐야 해요. 물속에 갑자기 깊이 들어가거나 올라오면 압력 때문에 몸에 이상이 생겨서 위험에 빠져요.

### 방수

방수는 물의 침입에서 건물을 보호하는 기술이에요. 건물에 물이 스며들면 부식이 일어나거나 실내에 곰팡이가 피는 등 여러 가지 문제가 생겨요. 많은 물을 채워두는 수영장은 방수에 더 공들여야 해요. 물에 강한 특별한 소재를 사용하거나 시트를 입히는 등 다양한 방법을 동원한답니다.

### 딥 다이브와 브루즈 할리파

딥 다이브에서는 다이빙을 마친 후 곧바로 세계 최고층 건물인 부르즈 할리파 전망대에 오르지 말라고 권고해요. 깊은 곳에 들어갔다가 갑자기 높은 곳에 올라가면 몸에 무리가 생길 수 있어서 그래요. 반대로 전망대에 갔다 온 후에 다이빙하는 것은 위험하지 않다고 해요.

## 대한민국의 새로운 랜드마크

# 롯데월드타워

Lotte World Tower

2016년 완공
설계 | 콘 페더슨 폭스

**롯데월드타워는 현재 우리나라에서 가장 높은 건물이에요**

롯데월드타워의 층수는 123층, 높이는 무려 554.5m예요. 2022년 10월 기준 송신탑을 제외한 일반 건물로는 세계에서 다섯 번째로 높아요. 우리나라에서 최초로 100층을 넘긴 건물이에요. 롯데그룹 본사이자 호텔, 사무실, 전망대, 쇼핑몰로 사용해요. 서울은 물론 수도권에서도 보일 정도로 높아서 대한민국을 상징하는 랜드마크 건물로 자리 잡았어요.

*안전하게 서 있고 재난이 발생했을 때 피해를 줄이기 위해 더 많은 기술을 동원한 롯데월드타워*

**기초를 단단하게 다졌어요.** 롯데월드타워는 지하 38m 화강암 암반층에 길이 30m, 지름 1m짜리 파일을 108개 박아서 기초를 다졌어요. 그 위에 축구장 넓이의 80%에 해당하는 길이 72m, 두께 6.5m 크기 콘크리트 바닥을 만들었어요. 고강도 콘크리트만 8만t이 들어갔어요. 초고층 건물은 건물 자체 무게도 무겁고 완공 후 사람이 들어차면 더 많은 무게에 눌리게 돼요. 롯데월드타워의 무게는 75만t으로 엄청나게 무거워요. 초고층 건물은 무게가 무거워서 땅을 누르게 되므로 바닥으로 가라앉아요. 설계할 때도 이 부분을 반영해요. 롯데월드타워는 39mm를 예상해 설계했어요. 실제로는 39mm보다 작다고 해요.

**건물을 지을 때 인공위성 4대에서 정보를 받아 측량해 오차를 25mm 범위로 줄였어요.** 롯데월드타워는 높이가 500m가 넘으므로 아래에서 조금만 틀어져도 위에서는 몇 미터씩 차이가 나요. 1도만 틀어져도 500m 높이 건물이라면 수직선에서 8m 넘게 좌우로 기울 수 있어요.

**계측기가 671개 달려 있어요.** 롯데월드타워는 건물에 0.1mm만 변형이 생겨도 감지해내요. 화재 때 건물 기둥이 녹아서 위험해지는 상황을 막기 위해 기둥을 섭씨 1000에도 녹지 않게 강화했어요.

**진도 7 지진과 초속 128m 바람이 부는 태풍에도 견디게 설계했어요.** 초고층 건물을 위협하는 지진과 태풍에 강해요.

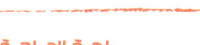

### 계측과 계측기

계측은 시간이나 물건의 양 따위를 헤아리거나 재는 일을 말해요. 특히 건축을 비롯해 기계, 항공, 환경, 기상, 반도체, 의료 등 다양한 분야에서 꼭 필요한 일이에요. 계측기는 계측을 하는 기구예요. 병원에서 혈압이나 심전도를 재는 기구도 계측기예요. 지진 계측기, 방사선 계측기 등이 있어요.

 **고층 건물과 랜드마크**

고층 건물을 짓는 목적은 다양해요. 사람들이 일하고 거주할 공간을 얻기 위해서, 관광객을 끌어모으기 위해서, 지역의 명물로 키우기 위해서, 기록을 세우기 위해서 등. 가장 높은 건물을 지으면 이런 목적을 한꺼번에 이룰 수 있어요.

랜드마크는 멀리서 보고 위치를 알 수 있을 정도로 두드러지게 눈에 띄는 구조물을 말해요. 관광 중심지에서 지역을 파악할 수 있는 사물도 랜드마크라고 해요. 보통 건물이 랜드마크 역할을 많이 해요.

**건물과 별명**

건물에는 정식 이름이 있지만, 모양이나 용도 또는 어떤 사건을 계기로 별명이 붙기도 해요. 영국의 30 세인트 메리 액스는 오이와 닮았다고 해서 '거킨(오이) 빌딩'이라고 불러요('30 세인트 메리 액스' 참고). 뉴욕의 432 파크 애비뉴는 가늘고 길어서 '연필 타워'('432 파크 애비뉴' 참고), 애플 파크는 UFO('애플 파크' 참고)라는 별명이 붙었어요. 롯데월드타워는 '사우론의 눈'이라고도 불러요. 영화 <반지의 제왕>에 나오는 '사우론의 눈'을 닮았기 때문이에요. 외관이 번쩍이는 생선을 담아서 우스갯소리로 '잠실 고등어'라고도 부른답니다.

### 어색해서 더 독특한 외관

# 마하나콘 타워
King Power Mahanakhon

태국

2016년 완공  **설계** | 올레 스히렌

### 마하나콘 타워

높이는 78층 314.2m로 태국에서 두 번째로 높고, 세계 순위는 101번째예요. 높이로만 따지면 순위는 그리 높지 않지만 개성 넘치는 외관 덕분에 관광객이 많이 찾는 랜드마크 역할을 톡톡히 해내요. 밤에는 이 빠진 듯한 부분에 조명이 빛나면서 뱀이 건물을 휘감고 올라가는 듯한 진기한 풍경을 연출해요.

### 캔틸레버(외팔보)

한쪽 끝은 받치고 다른 한쪽은 받치지 않은 구조를 말해요. 비행기 날개나 수영장 다이빙대, 건물 처마가 캔틸레버 구조예요. 의자나 계단 등 작은 구조만 아니라 다리나 건물 등 커다란 구조물에도 캔틸레버 공법을 사용해요. 한쪽만 고정하는 구조라 다른 쪽이 변형되기 쉬워서 설계를 잘해야 해요.

### 사각형 구조 건물이 안정적으로 보여요

사람들은 본능적으로 정리 정돈이 잘 되어 있어야 마음에 안정을 느껴요. 익숙한 것에서 벗어나면 어색하거나 이상해 보여요. 건물은 사각형 구조가 안정적이에요. 모양은 조금 달라질 수 있지만 대부분 건물은 박스 형태에 표면은 매끈한 구조로 지어요. 사람들이 많이 모여 사는 도시에 있는 큰 건물은 모양에 더 신경 써야 해요. 여러 사람이 보는 데다가 도시의 풍경에 큰 영향을 미쳐서 그래요. 아름답고 멋지게 디자인해서 도시 환경이나 주변 건물과 어울리도록 지어요.

### 마하나콘 타워는 상식에서 벗어나는 건물이에요

직사각형 형태는 유지하지만 군데군데 이 빠진 듯 울퉁불퉁하게 파여 있어요. 짓다 말았거나 태풍이 지나가면서 벽 일부가 떨어져 나간 듯한 모양이에요. 당장이라도 무너져내릴 듯 불안해 보여요. 불완전한 미완성 건물처럼 보이는 마하나콘 타워는 사실 일부러 그렇게 지은 빌딩이에요. 독일 건축가 올레 스히렌은 날씬하고 매끈한 일반 고층 건물과 다르게 표현하고자 독특한 디자인을 적용했어요. 매끈하게 홀로 우뚝 서 있으면 오히려 주변과 어울리지 않는다고 판단한 거예요.

### 마하나콘 타워 디자인은 '픽셀화된 외관'이라고 불러요

픽셀은 이미지나 화면을 구성하는 사각형 작은 단위를 가리켜요. 건물 구조가 픽셀을 합친 듯한 구조처럼 보여서 붙은 개념이에요. 이 부분을 자세히 보면 캔틸레버(외팔보) 구조를 적용해 사각형 공간이 공중으로 튀어나와 있어요. 마하나콘 타워는 해체주의 건물이에요. 해체주의는 일반적인 건축 개념에서 벗어나고 건물이 근본적으로 갖춰야 하는 특성을 부정해요. 보통 해체주의 건물은 삼각형이나 사각형 등 도형 형태에서 벗어나 비틀고 휘고 겹치는 등 독특한 변화를 추구해요. ('해체주의'는 6부 '댄싱 하우스' 참고) 어색하고 이상해 보일 거라는 예상과 달리 마하나콘 타워는 독특한 외관 때문에 오히려 더 큰 인기를 끌고 있어요.

## 물결치는 와인의 성지

# 보데가스 이시오스

Bodegas Ysios

2001년 완공　**설계** | 산티아고 칼라트라바

### 와이너리는 사람들이 살기에도 좋은 환경이에요

와인은 과일로 만든 술을 가리키는데 주로 포도주를 뜻해요. 와인에 사용하는 포도를 키우는 곳은 주로 연평균 기온이 섭씨 10~20도로 따뜻한 남북위 30~50도 지역에 있어요. 햇빛은 1년에 1250~1500시간 정도 쬐어야 해요. 강수량은 연간 500~800mm 정도여야 포도 맛이 좋아져요. 바람도 적당해야 하고, 물이 잘 빠지게 약간 경사진 곳이 포도 키우기에 알맞아요. 와인용 포도 키우는 곳은 사람들이 살기에도 좋은 환경이에요. 포도를 재배하고 와인으로 만드는 곳을 와이너리라고 해요. 규모가 큰 와이너리는 좋은 환경 덕분에 관광지나 휴양지로도 유명해요. 관람객이나 구매자를 위한 시설도 잘 갖춰놓아요. 세계적인 건축가들도 와이너리에 멋진 건물을 지어요.

### 보데가스 이시오스

와이너리는 와인을 숙성해서 품질 좋은 와인을 만들어야 해서 환경적인 요인이 매우 중요해요. 칼라트라바는 이 점을 고려해서 알루미늄 코팅한 목재를 사용해 병충해를 막고 습도와 복사열을 조절하도록 했어요. 칼라트라바는 스웨덴 말뫼 터닝 토르소, 발렌시아 예술 과학 도시 등을 설계한 세계적인 건축가예요. 보데가스 이시오스에도 칼라트라바 작품에 나타나는 혁신성과 곡선미가 돋보여요.

## 가로로 길게 파도가 출렁이는 듯한 독특한 형태의 와이너리 건물, 보데가스 이시오스

보데가스 이시오스는 평온한 포도밭과 물결이 대비를 이뤄 독특한 분위기를 이뤄요. 설계는 스페인 출신 건축가 산티아고 칼라트라바가 맡았어요. 한 줄로 늘어선 참나무통에서 영감을 얻어 설계했어요. 입구 쪽 호수에 비친 모습도 참나무통 모습과 비슷해요. 200m에 걸쳐 길게 파도처럼 생긴 지붕은 스칸디나비안 목재를 비대칭으로 배열했고, 곡선 형태로 제작해 알루미늄으로 코팅해서 완성했어요. 알루미늄에 햇빛이 반사되어 은빛 파도처럼 빛나요. 뒤쪽에 보이는 시에라 칸타브리아산맥의 능선과도 조화를 이뤄요. 가운데 부분 가장 높이 솟아오른 부분은 방문자 센터예요.

### 또 다른 멋진 와이너리 건물, 마르케스 데 리스칼

스페인에서 가장 오래된 와이너리인 마르케스 데 리스칼에서는 건축가 프랭크 게리에게 호텔을 만들어달라고 했어요. 프랭크 게리는 독특하게 생긴 스페인 구겐하임 박물관을 설계한 건축가예요. 2006년 오래된 와인 창고에 객실 43개를 갖춘 호텔을 만들었는데, 티타늄 강판이 둘러싼 건물 외관이 아주 독특해요. 플라멩코 무희가 춤출 때 드레스가 물결치는 모양을 형상화했어요. 특히 해가 질 때 여러 색으로 빛나는 티타늄 지붕의 아름다운 모습으로 유명해요. 마르케스 데 리스칼은 스페인을 대표하는 랜드마크로 자리 잡았어요.

### 복사

열이 매개체 없이 전자기파 형태로 공간을 직접 이동하는 현상을 말해요. 복사 에너지는 복사를 통해 전달되는 열에너지예요.

모든 물체는 그 온도에 해당하는 복사 에너지를 내보내요. 표면이 매우 뜨거운 태양은 지구를 향해 복사 에너지를 내뿜어요. 태양의 복사 에너지를 쬔 건물은 온도가 올라가요. 건물 표면에 태양 빛을 반사하는 소재를 쓰면 복사 에너지를 줄여서 온도가 덜 올라가게 할 수 있어요.

■ 큰 비행기를 만드는 더 큰 공장

# 보잉 에버렛 공장
Boeing Everett Factory

1967년

### A380이 나오기 전까지는 가장 큰 비행기였던 보잉 747

큰 비행기를 이야기할 때는 에어버스의 A380을 꼽아요. 길이 73m, 날개 너비 79.9m, 높이는 24m이고 최대 853석까지 좌석을 넣을 수 있어요. 워낙 커서 공항 시설이 뒷받침하지 않으면 A380을 수용하지 못해요. A380이 나오기 전까지는 보잉 747이 가장 큰 비행기였어요. 1969년 첫 비행에 성공한 이후 2017년까지 50년 가까이 생산되어서 큰 비행기의 대명사로 통해요. 마지막에 나온 747-8I는 길이 76.4m, 날개 너비 68.5m, 높이 19.4m이고, 설치할 수 있는 좌석 수는 605개예요. 이렇게 크고 무게가 수백 톤인 비행기가 하늘에 떠다니는 모습을 보면 신기해요.

보잉 747 ⓒ Iberia Airlines

 **공장과 비슷하면서도 다른 격납고**

격납고는 자동차 실내 주차장과 비슷한 곳이에요. 바람, 비, 폭설 등 날씨 변화에 대비해 비행기를 격납고에 보관해요. 초창기 비행기는 나무와 천 등을 사용해서 만들었기 때문에 날씨 변화로부터 보호하기 위해 격납고가 필요했어요. 요즘 비행기는 대부분 금속 소재로 만들어서 반드시 격납고에 보관하지 않아도 돼요.

최근의 격납고는 각종 정비와 점검이 이뤄지는 장소로서 더 큰 역할을 해요. 커다란 비행기가 들어가려면 격납고도 커야 해요. 비행기 전체를 넣는 격납고를 지으려면 넓은 땅이 필요하고 비용도 많이 들어서, 중요한 부분인 기수와 엔진만 가리는 격납고를 설치하기도 해요.

**보잉 에버렛 공장**

미국 에버렛에 있는 보잉 공장은 세계에서 가장 큰 건물이에요. 길이는 가로 1.1km, 세로 500m, 높이는 35m예요. 비행기 한 대가 아니라 여러 대를 한꺼번에 만들어요. 생산라인 네 개에서 각각 다섯 대씩 일렬로 늘어놓고 만들 수 있답니다.

### 세계에서 가장 큰 건물, 보잉 에버렛 공장

큰 비행기를 만들어내려면 공장도 커야 해요. 비행기가 통째로 들어갈 만한 넓고 높은 공간이 필요해요. 온갖 전자 장비가 들어가고 안전을 위해 정교하게 조립해야 하는 비행기를 야외에서 만들 수는 없어요. 세계에서 큰 건물들은 주로 비행기나 항공우주 산업과 관련 있어요.

보잉 에버렛 공장은 1967년 문을 열었고 두 차례 확장되었어요. 부지 면적은 415만$m^2$인데, 서울 여의도 면적의 1.5배예요. 이 중에서 40만$m^2$가 단일 공장이 차지하는 면적이에요. 크기가 클 뿐만 아니라 효율을 높이는 시설도 갖췄어요. 지하에는 거미줄처럼 얽힌 지하 통로가 있어요. 소재, 부품, 인력 등이 효과적으로 이동하도록 만들어놓은 통로예요. 바쁘게 돌아가는 지상 공장 못지않게 지하에서도 보이지 않게 바쁘게 움직여요. 공장 안에는 생산 시설 외에 안전성을 시험하는 장소도 있어요. 많은 사람을 싣고 높은 곳을 날아다니는 비행기는 안전이 중요해요. 공장 밖에는 테스트 활주로가 있어요. 공장 전체가 하나의 공항과 비슷한 셈이에요.

🏗 1km 높이가 코앞에

# 부르즈 할리파

**Burj Khalifa**

아랍에미리트

2009년 완공  **설계** | 아드리안 스미스

### 인간이 지상에 세우는 건물도 아직 1000m를 넘기지 못해요

인간은 미지의 세계를 정복하려는 욕구가 있어요. 새로운 세상을 향해 탐험을 떠나고 개척해나가요. 오랜 세월 지구 곳곳에 인간의 손길이 닿았지만, 기술이 발달한 요즘 시대에도 여전히 벽이 높은 영역이 있어요. 지구를 둘러싼 공기의 영역인 대기권은 해수면에서 1000km 높이까지 분포해요. 우리가 여객기를 타고 올라가는 높이는 기껏해야 13km에 불과해요. 물속은 여전히 미개척 영역이에요. 일반 잠수함이 활동하는 깊이는 수십~수백 미터에 그쳐요. 지상에 세우는 건물도 아직 1000m를 넘기지 못해요.

기원전 2560년경 세워진 이집트 대피라미드의 높이는 147m예요. 13세기 영국에 높이 149m인 올드 세인트 폴 대성당이 생기기 전까지 3800여 년 동안 피라미드는 세계에서 가장 높은 건축물 자리를 지켰어요.

20세기 초까지 가장 높은 건물은 교회나 성당이었어요. 20세기부터 일반 건물이 높아지기 시작했고, 2003년 완공된 타이베이 101 빌딩은 508m까지 올라갔어요. 피라미드 이후 4500여 년 동안 360m 정도 높아지는 데 그쳤어요.

2009년 완공된 부르즈 할리파는 828m로 껑충 뛰었어요.

현재 사우디아라비아에서는 제다 타워를 짓고 있어요. 높이는 1007m로 인류 역사에서 처음으로 1km 넘는 빌딩이 생기는 거예요. 처음에는 1마일(1600km) 높이로 지으려다가 지반이 약해 계획을 수정했어요.

## 현재 세계에서 가장 높은 건물이에요

높게 지을 수 있는 기술의 발달 수준을 보여주는 상징적인 존재예요. 부르즈 할리파의 높이는 828m인데 서울에서 가장 높은 북한산의 836m와 거의 비슷해요. 자연적으로 그 정도 높이에 도달하려면 산처럼 넓은 땅에 삼각형 모양으로 쌓아 올려야 해요. 피라미드를 보면 알 수 있어요. 가느다란 기둥 형태로 높이 올라가는 구조는 만들기가 쉽지 않아요.

높은 건물은 특히 바람의 영향을 많이 받아요. 부르즈 할리파는 위에서 보면 세 방

**부르즈 할리파**
높이 828m인 부르즈 할리파는 100km 떨어진 곳에서도 보여요. 눈에 잘 띄는 높은 건물이라서 광고판 역할도 해요. 건물 전체에 조명을 이용해 메시지를 전달해요. 월드컵 때는 승리한 팀을 띄우기도 했고, 2020년에는 방탄소년단 멤버인 뷔의 생일 광고 영상이 나가기도 했어요.

두바이

아랍에미리트

향으로 뻗은 꽃잎 모양이에요. 히메노칼리스라는 사막에 피는 꽃을 본떴는데 위로 올라갈수록 좁아지면서 나선형으로 비틀어져요. 이 구조 덕분에 바람이 그대로 부딪히지 않고 분산되어서 건물에 영향을 덜 미쳐요. 건물은 정확하게 수직으로 서 있어야 해요. 아래쪽에서 조금만 각도가 틀어져도 위에서는 수직선 기준으로 좌우로 몇 미터씩 기울어지게 돼요.

부르즈 할리파를 지을 때는 인공위성을 이용해서 수직도를 점검했어요. 건물 높은 층에는 콘크리트가 굳기 전에 빨리 올려보내야 해서, 601m까지 고압 펌프와 배관을 이용해 콘크리트를 한꺼번에 올려보내는 기술을 썼어요.

601m는 세계 최고 기록이에요. 철근 2만 5000km, 콘크리트 36만$m^2$(축구장 면적 17층 높이), 커튼 월 14만 2000$m^2$(축구장 17개 면적) 등 부르즈 할리파에는 엄청나게 많은 자재가 들어갔어요. 건물 자체 무게만 54만t이에요. 자체 무게 때문에 변형이 생길 수 있어서 센서와 지피에스[GPS]를 이용해 변동을 감지해가며 시공했어요.

## 부르즈 할리파에 불이 나면?

많은 사람이 거주하는 고층 건물에 불이 나면 대피하는 게 문제예요. 부르즈 할리파에는 30층마다 불을 피할 수 있는 대피소를 만들어놨어요. 대피소에서는 2시간 동안 불과 열을 막아줘요. 피난 계단은 서로 엇갈리게 설계해서 연기가 퍼지는 것을 최소화해요.

### 위로 안 되면 옆으로

# 산주산겐도
**三十三間堂**

1164년(1266년 재건)

### 목조 건물의 조건

건물을 높이 올릴 기술이 부족한 옛날에는 어쩔 수 없이 낮은 주택만 지었어요. 집을 짓는 재료는 주로 나무였어요. 나무는 무게를 지탱하는 힘이 약하고 화재 위험이 커서 높이 올리거나 크게 짓기가 쉽지 않아요. 탑처럼 특수한 건축물이 아니고서는 옛날 나무 건물은 대부분 1~2층이에요. 높이 지을 수는 없는 대신 옆으로 길게 늘일 수는 있어요.

목조 건물은 높이 지을 수 없다는 말도 옛날

이야기가 되었어요. 요즘에는 기술이 발달해서 단단하고 불에 강한 나무 소재를 만들어내요. 나무만으로도 높은 건물을 지을 수 있답니다.

현재 세계에서 가장 높은 목조 건물은 노르웨이에 있는 미에스트 로네 호텔이에요. 18층 건물이고 높이는 85.4m예요. 바닥 면적을 넓히면 목조 건물의 높이도 100m를 넘길 수 있다고 해요.

스위스에서는 100m 넘는 목조 건물을 지을 예정이랍니다.

목조 건물은 주 기둥과 수평보 등 핵심 뼈대에 나무를 사용하면 목조 건물로 인정해요. 건물의 안전을 위해 일부분에는 나무가 아닌 다른 자재를 쓰기도 해요.

### 산주산겐도는 옆으로 긴 건물이에요

길이는 118.5m이고 모두 33칸으로 이뤄졌어요. 산주산겐도라는 이름도 '33칸으로 이뤄진 건물'이라는 뜻이에요. 관음보살이 33가지 모습으로 변해서 중생을 구제한다는 의미도 있어요. 정식 명칭은 '연화왕의 묘'를 뜻하는 렌게오인이에요. 12세기에 은퇴한 고시라카와 일왕의 명령으로 지었어요.

전당 중앙에는 주관음상이 서 있는데 높이는 3.3m예요. 가마쿠라 시대의 조각가 단케이가 완성했어요. 뒤에는 실물 크기 관음상이 500개씩 서 있어요. 관음상 수는 1001개인데, 얼굴과 팔의 모습이 조금씩 달라요. 살면서 만나고 싶은 사람의 표정이 있다는 이야기도 전해져요. 관음상 앞에는 풍신과 뇌신상, 28부 중상이 있어요.

 종묘 정전

일본의 산주산겐도와 대비되는 건물로 우리나라 종묘 정전이 있어요. 종묘 정전은 역대 임금과 왕비의 제사를 모시는 국가적 제례 시설이에요. 조선 태조 4년(1395)에 창건되었다가 임진왜란 때 불탔어요. 현재 건물은 광해군 원년(1608)에 다시 지었답니다. 종묘 정전의 길이는 101m예요. 임금님의 신위를 모신 신실의 길이만 해도 70m에 이르러요. 우리나라에서 가장 긴 목조 건물이랍니다.

종묘 정전이 처음부터 이렇게 길지는 않았어요. 태조 이성계가 지었을 때는 7칸이었다가 계속 늘어서 현재처럼 19칸이 되었어요. 조선 왕조가 계속되면서 모셔야 할 왕이 늘어서 그래요. 동쪽으로 길어졌는데, 태조의 신실이 있는 서쪽을 높은 곳으로 여겨서 동쪽으로 늘려나간 거예요. 역사와 전통이 쌓여감에 따라 건물을 늘인 독특한 건축 과정으로 주목받는답니다.

## 지상에 내려앉은 UFO
# 애플 파크
**Apple Park**

2017년 완공  **설계** | 노먼 포스터

**유에프오는 진짜 있을까요?**

요즘은 판독 기술이 발달해서, 사진에 찍힌 물체가 미확인비행물체(UFO)가 아니라는 설명이 가능해요. 스마트폰, 블랙박스, 시시 티브이 등 예전과 비교할 수 없을 정도로 촬영 도구가 늘었지만, 유에프오는 더 많이 찍히지 않아서 유에프오는 없다는 쪽 의견이 좀 더 힘을 받아요.

대신 가상의 세계를 다루는 영화 시리즈가 인기를 끌면서 유에프오를 비롯한 우주선이 친근하게 느껴져요. 가상 세계는 현실 세계 못지않게 체계를 갖춰서 마치 진짜로 지구 밖에 새로운 세계가 있다고 착각할 정도예요.

캘리포니아
미국
쿠퍼티노시

## 애플 파크는 현실에서 볼 수 있는 우주선 같은 건물이에요

동그란 원형 건물이 유에프오가 내려앉은 듯 땅에 자리 잡았어요. 애플 파크는 아이폰과 맥 컴퓨터로 유명한 애플사의 본사 건물이에요. 애플 전 CEO인 스티브 잡스가 주도해서 건축을 계획했어요. 모양은 도넛처럼 생겼고 지하 6층~지상 4층으로 이뤄졌어요. 1만 4000여 명에 이르는 직원이 애플 파크에서 일해요.

스티브 잡스는 건축가 노먼 포스터에게 네 가지 개념에 맞춰 설계해달라고 했어요. 공동체 작업이 가능하고, 직원들이 언제나 움직이는 기분이 들게 하고, 상상력을 끌어내는 열린 공간이어야 하고, 실내에서 일하면서 자연에 있는 듯한 기분을 느끼게 하는 것이었어요.

애플파크의 지름은 464m이고 둘레는 1.6km예요. 커다란 곡면형 유리를 이어 붙여서 만든 유리 건물이에요. 스티브 잡스는 공조나 수도 파이프처럼 복잡한 요소는 보이지 않게 해달라고 했어요. 목재로 사용하는 단풍나무의 조건을 상세하게 지정하고, 문손잡이 디자인을 정하는 데 몇 개월이 걸리는 등 세부적인 부분까지 신경 써서 만들었어요.

내부는 팟$^{Pod}$이라는 공간이 연속으로 이어지는 구조예요. 팟에서는 한 팀이 개방적인 공간에서 자유롭게 일할 수 있어요.

## 애플 파크는 친환경 건물로 설계했어요

전체 부지의 80%가 공원이어서, 원형 건물의 안쪽과 바깥쪽 대부분이 녹지로 되어 있어요. 주차장과 도로는 지하로 이어져요. 옥상에는 세계에서 가장 큰 태양 전지판이 있어서 17MW에 이르는 전력을 공급해요. 일반 건물과 비교해 에너지 사용량은 30% 적고, 건물 전체를 재생 에너지로 가동해요. 통풍도 자연적인 방법으로 하는데, 일 년에 9개월은 난방이나 냉방을 따로 하지 않아도 돼요.

 **세계의 원형 건물**

원형 건물은 세계 곳곳에서 볼 수 있어요. 고리 모양으로 누워 있는 애플 파크와 달리 주로 서 있는 형태예요. 알 라하 비치 호텔(아랍에미리트 아부다비), 선라이즈 켐핀스키 호텔(중국 베이징), 도넛처럼 생긴 광저우 서클(중국 광저우), 래디슨 블루 호텔(독일 프랑크푸르트) 등이 있어요.

## 육지와 바다를 잇는 새로운 영역

# 언더
**Under**

2019년 개장　**설계** | 스노헤타 건축 사무소

노르웨이

린데스네스

### 언더는 수중 레스토랑이에요

　노르웨이 린데스네스 해안에 있는 언더는 2019년에 문을 열었는데, 수중 레스토랑 중에서는 유럽에서 처음 선보였어요. 레스토랑은 해저 5m까지 내려가는데 육지에서 시작해서 바닷속까지 이어져요. 레스토랑 안에는 가로 11m, 높이 3.4m 크기 창문이 있어요. 시시각각 또는 계절에 따라 달라지는 노르웨이 바닷속 풍경을 눈앞에서 볼 수 있답니다.

### 언더
언더는 인구가 늘어나면 부족해질 육지를 대신할 물가의 거주지로서 가능성을 보여줘요. 육지에서 자연스럽게 물속을 이어주는 새로운 거주 공간을 제시해요.

### 물가, 바닷가, 해안선, 수중
**물가**　바다, 강, 못 따위와 같이 물이 있는 곳의 가장자리를 말해요. 우리에게 익숙한 물가로는 바닷가가 있어요.

**바닷가**　해안선으로부터 육지 쪽 토지의 구분 선까지 이어지는 공간을 가리켜요.

**해안선**　밀물이 가장 높게 들어왔을 때 바닷물과 육지가 만나는 경계를 나타낸답니다.

**수중(물속)**　수면 아랫부분인 물 가운데를 뜻해요.

### 튜브 형태의 언더는 생태 친화적으로 만들었어요

육지와 이어지고 깊이 들어가지 않지만, 바닷가와 물속이라는 특별한 환경에 둘러싸여 있어서 여러 가지 특수한 상황을 고려해서 만들었어요.

린데스네스 해안은 날씨 변화가 심한 곳이에요. 언더는 길이 34m 튜브 형태인데, 압력과 충격에 견디도록 0.5m 두께 콘크리트 벽으로 완성했어요.

설계 회사는 잠망경을 형상화했다는데, 바닷가에 있는 바위 또는 고래처럼 보여서 주변 자연환경과 잘 어울려요. 외벽은 인공 암초 기능을 해요. 해초가 자라고 해양 생물이 알을 낳는 장소 역할을 해낸답니다. 실내에서 밖으로 새 나가는 조명이나 소리도 생태계에 영향을 미치지 않도록 조절했어요.

### 언더는 해양연구센터 기능도 갖췄어요

언더에서는 날씨 변화에 따른 유속 변화와 동식물의 움직임 변화를 가까이서 볼 수 있어요. 연구원이 해양 생물과 바닷속 환경을 관찰하도록 외벽에는 카메라와 측정 장비를 달았어요. 레스토랑에서 제공하는 요리는 주변에서 얻은 싱싱한 해산물을 이용해 만들어요.

**물가 도시가 왜 미래형 주거지인가요?**

2021년 12월 기준, 지구 인구는 79억 명이 넘어요. 2037년 90억 명, 2057년에 100억 명을 넘길 전망이에요. 육지가 넓어 보여도 사람이 살만한 땅은 많이 남아 있지 않아요. 날씨가 적당하고 물이 풍부한 곳이어야 사람이 살 수 있는데, 이런 곳은 이미 거의 다 개발되었어요.

새로운 살 곳으로 바다를 꼽지만, 바다를 삶의 터전으로 삼기는 쉽지 않아요. 수압에 견디도록 집을 지으려면 새로운 소재가 필요하고 비용도 많이 들어요. 집을 짓더라도 에너지 확보가 어렵고, 바다의 지각 변동에도 대비해야 해요. 육지와 교류하기 위한 교통수단도 필요해요. 현재 기술 수준에서 수중 도시는 우주 도시만큼 현실성이 떨어져요.

완전한 물속은 힘들지만 물가는 가능성이 커요. 육지와 연결되어서 쉽게 드나들 수 있고, 물속 깊은 곳으로 들어가지 않으므로 현재 기술로도 거주 공간을 만들어낼 수 있어요. 언젠가 육지에 땅이 더는 이용할 곳이 없어진다면 물가가 새로운 거주지로 떠오를 거예요. 지금도 일부 지역에서는 물가에 집을 짓고 살지만, 물 위에 지은 집이에요. 물속까지 연결된 집은 새롭게 개척해나가야 하는 영역이에요.

세계 최초로 100층을 넘긴 고층 빌딩의 대명사

# 엠파이어 스테이트 빌딩

**Empire State**

1931년 완공　**설계** | 윌리엄 램

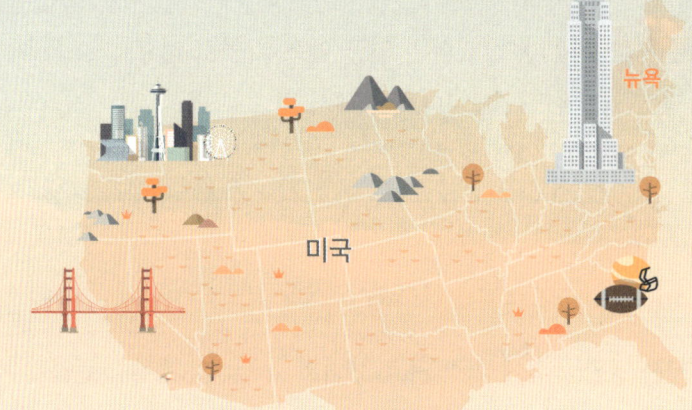

### 미국 동부를 대표하는 랜드마크예요

　엠파이어 스테이트 빌딩은 1930년 3월 17일에 건축을 시작해 1년 45일 만인 1931년에 완공됐어요. 세계 대공황 시기에 거대한 건물을 지었고, 세계 최초로 100층을 넘겨서 화제를 모았어요. 고층 건물이면서 아르데코 스타일로 지어서 아름다운 건물로 인정받아요.

　엠파이어 스테이트 빌딩은 102층 건물이고 높이는 318m, 안테나 탑을 포함하면 443m예요. 엠파이어 스테이트 빌딩에는 엘리베이터 73개, 계단 1860개, 창문 6500개가 있어요. 엠파이어 스테이트 빌딩은 1973년 세계무역센터 건물이 생길 때까지 42년 동안 세계에서 가장 높은 건물 자리를 지켰어요.

### 충돌 사고에서도 이상이 생기지 않았어요

　1945년 미군 B-25 폭격기가 안개 속에서 비행하다가 엠파이어 스테이트 빌딩 79층에 부딪힌 사고가 발생했어요. 건물이 부서지고 화재가 발생해 14명이 목숨을 잃고 30여 명이 다치는 큰 사고였어요. 화재는 40분 만에 진화되었어요. 불행한 사고였지만 높은 층에서 성공적으로 불길을 잡은 사례로 꼽혀요. 건물에 큰 이상이 생기지도 않았답니다.

### 꼭대기 60m의 계류 돛대

1931년 엠파이어 스테이트 빌딩을 완공했을 때는 꼭대기인 86층 위쪽에는 16층 높이인 60m 길이의 철탑이 있는 구조였어요. 철탑은 비행선이 머무는 계류장 역할을 하도록 만들었다고 알려졌어요. 계류는 일정한 곳을 벗어나지 못하도록 밧줄 같은 것으로 붙잡아 매어놓는다는 뜻이에요. 계류장은 항공기나 선박이 머무르는 장소를 말하지요.

비행선과 철탑이 연결되면 승객들은 내려서 건물 아래로 이동하도록 하는 계획이었어요. 도시 외곽 비행선 터미널로 가지 않고 도시 한가운데서 내릴 수 있는 편리한 시설을 목표로 한 거죠. 아이디어는 좋았지만 실제로 실행하기는 힘들었어요. 높은 곳에 부는 바람이 어떻게 달라질지 예측하기 어려웠어요. 비행선의 코를 철탑에 고정하는 방식이었는데, 바람이 불면 꼬리 부분이 흔들려서 위험했어요. 결국 계류장은 아이디어에 그치고 말았어요. 철탑을 세운 실제 목적은 계류장 용도보다는 세계 최고층 빌딩이 되기 위해서였다고 해요. 이후 철탑 위에 안테나를 세워서 높이는 더 높아졌답니다.

### 90편 넘는 영화에 등장한 엠파이어 스테이트 빌딩

1933년 개봉한 영화 <킹콩>에는 엠파이어 스테이트 빌딩이 배경으로 나와요. 클라이맥스에 커다란 킹콩이 빌딩 꼭대기에 올라가서 울부짖고 공격당하는 장면이 나와요. 이후 엠파이어 빌딩은 영화 속 주요 배경으로 자주 등장해요. 90편 넘는 영화에 나왔답니다.

### 아르데코 건축

형태를 간결하게 하면서, 반복적인 무늬와 기하학적인 모양을 표현해서 이국적인 분위기를 내요. 미국 건축에서는 기하학적인 무늬, V자 문양, 아치, 분수 등에서 영감을 받은 표현을 즐겨 썼어요. 아르데코는 미국 뉴욕에서 크게 유행했어요. 크라이슬러 빌딩, GE 빌딩 등이 아르데코를 적용한 건물이에요.

**일렬로 늘어선 19개 건물**

© 조선대학교

# 조선대학교 본관

대한민국

1954년 완공    **설계** | 이길성

### 19개의 박공지붕 건물이 연달아 붙어 있어요

조선대학교 본관은 박공지붕 건물이 연달아 붙어 있는 특이한 구조로 되어 있어요. 무려 19개 건물이 일렬로 늘어서 있답니다. 건물 뒤에는 무등산이 자리 잡았고, 가운데와 양쪽 끝 건물이 높은 형태이고 하얀색이어서 마치 학이 산을 배경으로 날개를 펴고 날아오르는 모양처럼 보여요.

건물은 한꺼번에 지어지지는 않았고 점차 개수를 늘려 갔어요. 1947년부터 1954년까지 5개를 세우고, 1977년부터 좌우 각각 3개, 1970년~1980년대에 좌우 각각 4개씩 지었어요. 19개 건물 중에서 초기에 세운 5개는 등록문화재 제94호로 지정되었어요. 1950년대 한국전쟁 이후 시기에 지어진 건축 양식을 보여주고, 광주를 대표하는 건물로서 역사적 가치가 있기 때문이에요.

> **박공지붕**
>
>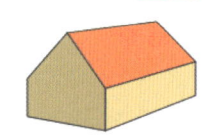
>
> 집 지붕의 모양은 아주 다양해서 수십 가지가 넘어요. 지역, 용도, 날씨, 문화, 자재 등 여러 가지 요건에 따라서 지붕의 모양을 달리해서 집을 지어요. 삼각형 모양 지붕도 종류가 다양한데, 책을 펼쳐서 엎어 놓은 모양인 박공지붕, 삼각형 면과 사다리꼴 면 각각 두 개씩 만나는 모임지붕이 유명해요.
> 박공지붕은 지붕이 벽 밖으로 튀어 나가지 않고 벽까지 연결된 지붕을 말해요. 우유 팩을 생각하면 돼요. 박공지붕은 경사가 가팔라서 눈이나 비가 쌓이지 않고 흘러내려요. 천재지변에도 강하고 지붕 아래 공간을 활용할 수 있어요. 박공지붕은 해외에서도 많이 사용해요. 박공지붕 중간에 새집처럼 생긴 창을 낸 도머지붕, 사방에 경사진 면을 내고 그 위에 박공지붕을 얹은 네덜란드식 박공지붕 등 여러 가지 변형된 형태가 있어요.

대한민국

광주광역시

### 동양에서 가장 긴 건물이에요

박공지붕 건물이 연달아 붙어 있는 형태도 이색적이지만, 조선대학교 본관 건물은 길이로도 주목받아요. 끝에서 끝까지 길이는 무려 375m예요. 건축 면적은 6585$m^2$이고, 연면적은 4만 2065$m^2$나 돼요. 건축 면적과 연면적 모두 서울에 있는 국립중앙도서관과 비슷한 규모예요. 본관 안에는 강당이 294개나 있어요. 눈이 올 때 하얀 건물이 눈 덮인 주변 환경과 어우러져 아름다운 풍경을 이룬답니다.

### 세계에서 가장 긴 건물, 독일 프로라 리조트

독일 나치 시절인 1930년대 중후반 지어진 건물이에요. 프로라는 루겐섬 해안에 지은 근로자 휴양 시설이에요. 길이는 무려 4500m이고, 똑같이 생긴 방 1만 개를 갖춰서 2만 명이 동시에 묵을 수 있어요. 나치가 패망해서 한 번도 사용하지 못하고 버려졌어요. 제2차 세계대전 이후 소련이 폭파해서 없애려고 했지만 다이너마이트가 부족해서 포기했다는 이야기가 전해져요. 2010년대 이후 아파트로 개조 작업이 이뤄져서 2022년에 완료할 예정이라고 해요.

#### 대지 면적, 건축 면적, 연면적

**대지 면적** 건물을 지을 때는 땅 위의 일부분을 사용해요. 해당 건물을 짓도록 허가받은 전체 땅의 크기를 대지 면적이라고 해요.

**건축 면적** 건물이 차지하는 가장 넓은 바닥 면적을 가리켜요. 일반적으로 1층이 가장 넓으므로 1층 면적이 건축 면적이 되어요.

**연면적** 건물 내부의 모든 층의 바닥 면적을 합한 면적이에요. 대지 면적과 건축 면적은 땅의 경사와는 상관없어요. 하늘에서 아래를 향해 똑바로 바라봤을 때 모양을 기준으로 면적을 측정해요.

2부 건축물의 다양한 형태

### 세상에서 가장 거대한 우물

# 찬드 바오리

**Chand Bawri**

9세기경

### 인도는 물 부족 국가 중 하나예요

우기에 강우량의 80%가 집중되는데, 불규칙적이어서 늘 가뭄에 시달려요. 물이 오염되고 부족해서 해마다 20만 명이 목숨을 잃어요. 물을 저장하는 시설이 미비해서 물을 제대로 활용하지 못해요. 예전부터 인도는 물이 부족했어요. 물을 모아두기 위한 우물이 곳곳에 생겨났어요. 우리가 아는 작은 우물이 아니라 커다란 계단식 우물이 발달했어요.

### 계단식 우물

계단식 우물은 인도 북서 지역에서 주로 볼 수 있어요. 이 지역은 덥고 건조해서 땅속 깊은 곳까지 파고 내려가야 물이 나왔어요. 수직으로 파서는 땅속 깊이 들어가기 힘들어서 완만하게 경사를 두고 내려가기 쉽도록 계단을 만들었어요. 우물은 주로 귀족들이 소유했어요. 권위를 과시하려고 화려하게 꾸몄답니다.

### 인도 계단식 우물 중에 가장 규모가 큰 찬드 바오리

계단식 우물은 바오리, 바올리, 바브라고 불러요. 찬드 바오리는 인도 계단식 우물 중에 가장 규모가 커요. 13층에 해당하는 19.5m 깊이로 지하로 내려가고, 계단만 3500여 개예요. 수심은 정확히 알 수 없는데, 우물 꼭대기부터 전체 깊이는 30m 정도로 추정해요.

찬드는 계단을 만든 왕의 이름이에요. 건조한 아바네리 지역에 물을 모아두기 위해 니쿰바 왕조의 찬드 왕이 9세기경에 지었어요. 아래쪽은 지표면보다 섭씨 5도 정도 낮아서 물을 신선하고 깨끗하게 사용할 수 있어요. 우물에는 배수로가 있어서 수위는 변하지 않아요.

**가장 많으면서 적은 것, 물**

지구 표면의 71%는 물이에요. 지구 전체 물의 97.5%는 바다가 차지해요. 바닷물은 염분이 있어서 마실 수도 없고 활용하기도 힘들어요. 2.5%의 물을 사람이 마시고 이용할 수 있는데, 이 중 70% 정도는 접근하기 힘든 빙하나 만년설이에요. 남은 30%의 3분의 1은 지하수여서 사용하기 쉽지 않아요. 손쉽게 끌어다 쓸 수 있는 호수나 하천의 물은 담수의 0.4%에 그쳐요. 지구상에 물은 많지만 쉽게 이용할 수 있는 물은 아주 적은 거예요. 0.4%의 물도 지역마다 공평하게 사용할 수 있지 않아요. 강이나 호수가 없거나, 비가 불규칙하게 내리거나, 물을 모을 시설이 마땅치 않은 곳은 물 부족을 겪어요.

### 기하학적인 아름다움과 윤회 사상을 표현한 찬드 바오리

미적인 면에도 공을 들여서 기하학적인 모양으로 꾸몄고 좌우로 정확하게 대칭을 이뤄요. 고대 인도 사람들의 뛰어난 수학, 건축, 돌 가공 기술을 알 수 있어요.

계단 하나를 올라가면 좌우로 여섯 개로 계단이 갈라졌다가 다른 계단과 다시 만나요. 태어나고 죽기를 반복한다는 인도의 윤회 사상을 건축물에 표현했어요.

### 왕의 숙소이자 목욕하는 곳, 공연장, 회의실로도 사용했어요

찬드 바오리는 여러 가지 역할을 했어요. 우물 북쪽에는 5층으로 된 왕궁이 있어요. 왕의 숙소이자 왕과 왕비들이 목욕하는 곳이었고, 공연장으로도 쓰였어요. 공연할 때는 계단에 앉아 귀족들이 관람했어요. 마을의 행사나 회의하는 공간이기도 해요.

**기하학**

오늘날 기하학은 공간에 있는 도형의 성질을 연구하는 수학의 한 분야예요. 기하학의 근원은 고대 이집트에서 나일강이 범람한 후에 땅을 다시 나누기 위해서 측량한 데서 시작했다고 해요. 고대 그리스 시대에는 모든 수학을 기하학으로 여겼을 정도로 기하학은 수학과 밀접한 관련이 있어요. 건축에도 기하학은 큰 영향을 미쳤어요. 도형의 성질을 건물에도 적용한 거예요. 건물의 모양, 대칭, 비율 등에 기하학을 적용했고, 외부나 내부 장식에도 기하학적인 모양이나 무늬를 그리거나 새겼답니다.

곧은 건물 고정관념을 깬 비틀린 구조

# 터닝 토르소

Turning Torso

2005년 완공
설계 | 산티아고 칼라트라바

스웨덴

### 터닝 토르소

조선소 자리에 세운 터닝 토르소도 친환경에 초점을 맞췄어요. 건물에 필요한 에너지는 재생 에너지를 사용하고, 세대에서 발생하는 음식물 쓰레기를 바이오 에너지 연료로 삼아요. 탄소 배출을 최소화하고 에너지 효율이 높은 건물로 인정받아요. 터닝 토르소는 크레인을 대신해 말뫼의 새로운 명소가 되었고, 전 세계에서 관광객이 찾아들면서 도시는 다시 활기를 띠기 시작했어요. 뛰어난 건축물 하나가 도시를 살리는 기적을 일으켰어요.

스웨덴

### 말뫼

터닝 토르소가 있는 곳은 예전에 배를 만들던 조선소였던 자리예요. 조선 산업이 쇠퇴하면서 조선소가 문을 닫았고 사람들이 떠나면서 도시는 침체되었어요. 시와 시민들은 도시를 살리기 위해 정보기술과 친환경 도시를 만들기로 했어요.

## 비틀리며 올라가는 구조의 터닝 토르소

건물은 곧게 서 있어야 안정적으로 보여요. 대부분 건물은 곧은 사각형 형태예요. 스웨덴 말뫼에 있는 터닝 토르소는 건물은 곧은 사각형이어야 한다는 고정관념을 깨요. 사각형 건물을 지은 후에 위를 잡고 비튼 것처럼 건물이 비틀리며 올라가는 구조예요.

머리와 팔다리가 없고 몸을 뒤틀고 있는 조각품인 토르소에서 영감을 받아 만들었어요. 입방체 9개가 쌓인 구조이고 입방체 하나에 5개 층이 있어요. 정육면체 하나가 10도씩 비틀어져서 꼭대기로 가면 90도 틀어져요. 높이는 190m로 북유럽 건물 중에서는 가장 높아요.

비틀리며 올라가는 구조는 독특한 모양을 표현하는 데 그치지 않고, 바람을 분산하는 역할도 해요. 바닷가 옆이라 바람이 세게 부는데, 나선형 외벽을 따라 바람이 자연스럽게 옆이나 위로 퍼져서 건물이 흔들리지 않아요. 터닝 토르소가 나온 이후, 세계 건축물 형태에도 변화가 생겨요. 이전까지 높이 올리는 데 초점을 맞췄지만, 터닝 토르소 이후 창의성을 중시하는 디자인이 늘었어요.

### 길게 비틀린 모양

터닝 토르소 이후 비틀린 빌딩이 늘어났어요. 공사 중인 빌딩까지 포함해 전 세계에 현재 30개가 넘는 비틀린 빌딩이 있어요. 비틀린 빌딩의 가장 큰 특징은 비틀린 정도예요. 현재 파나마 시티의 파나마 F&F 타워는 비틀린 각도가 315도로 가장 커요. 사우디아라비아의 제다에 건설 중인 다이아몬드 타워는 360도를 목표로 해요.

파나마 시티의 파나마 F&F 타워

### 말뫼의 눈물

터닝 토르소는 조선업체 코쿰스가 배를 만들던 곳이에요. 그곳에는 커다란 크레인이 있었는데 회사가 문을 닫으면서 크레인도 팔았어요. 우리나라 현대중공업이 단돈 1달러에 사서 화제를 모았어요. 시의 상징이자 경제 발전에 이바지한 크레인이 팔려나가자 말뫼 시민들은 슬퍼했어요. 스웨덴 언론에서는 '말뫼의 눈물'이라고 보도했어요.

### 세계에서 가장 높은 쌍둥이 빌딩

# 페트로나스 트윈 타워
**Petronas Twin Towers**

말레이시아

1999년 완공  **설계** | 세자르 펠리

### 스카이 브리지
'하늘에 놓은 다리'라는 뜻이에요. 쌍둥이 빌딩 사이에는 스카이 브리지를 놓기도 해요. 건물과 건물 사이에 이동하기 쉽게 할 목적으로 만들어요. 한쪽 건물에 불이 났을 때 비상 대피로로 활용할 수도 있어요. 두 건물이 흔들리지 않도록 고정하는 역할도 한답니다.

### 쌍둥이
한배에서 동시에 태어난 여러 아이를 말해요. 전 세계에서 1000명당 평균 12쌍이 쌍둥이로 태어나요. 쌍둥이는 일란성과 이란성으로 나뉘는데 일란성은 성별이 같고 생김새도 거의 비슷해요. 아주 비슷한 쌍둥이는 부모도 몰라볼 정도로 닮았답니다.
쌍둥이가 똑같이 생겼다고 해도 차이점은 있어요. 홍채, 입술 지문, 지문, 정맥 형태 등은 달라요. 유전자 정보를 담은 DNA도 100% 일치하지는 않아요. 성격, 지능, 질병 등은 자라면서 달라져요.

### 쌍둥이 빌딩의 장단점

사람 쌍둥이는 비슷하면서도 일부분 다르지만, 기계나 건물 등 인위적으로 만드는 물건이나 구조는 아주 똑같게 할 수 있어요. 똑같이 생긴 쌍둥이 건물은 주변에서 종종 눈에 띄어요. 건물을 하나로 지을 때와 두 개로 나눠 지을 때는 장단점이 있어요.

쌍둥이로 지으면 같은 면적 땅에서 하나의 건물보다 활용할 수 있는 면적이 줄어요. 설비도 더 많이 들고 공사 비용도 늘어나지만, 초고층으로 높이 올릴 여건이 되지 않을 때는 두 개로 나눠 지어요. 건물이 너무 높아서 조망권에 문제를 일으킬 가능성이 크면 높이를 낮춰서 두 개로 나눠요. 독특한 분위기 덕분에 홍보 효과가 크고 지역의 랜드마크로 자리 잡을 확률이 높아요.

### 세계에서 가장 높은 쌍둥이 빌딩, 페트로나스 트윈 타워

페트로나스 트윈 타워는 높이 451.9m의 88층 건물이에요. 2003년 타이베이 101 빌딩이 생기기 전까지 세계에서 가장 높은 빌딩 자리를 지켰어요. 쌍둥이 빌딩 중에서는 여전히 세계 최고 높이에요. 페트로나스는 빌딩 소유주인 말레이시아 국영 석유회사 이름이에요. 당시 초고층 건물은 주로 미국에 있었어요. 페트로나스 트윈 타워는 세계에서 가장 높은 건물이 100년 만에 미국이 아닌 곳에 세워졌다는 큰 의미를 지녀요.

### 우리나라와 일본이 각각 한 건물씩 지었어요

페트로나스 트윈 타워 건축에는 재미있는 일화가 있어요. 쌍둥이 건물이지만 각각 다른 회사가 지었어요. 빠르게 지으면서 품질 경쟁을 벌이도록 두 회사에 맡긴 거예요. 하나는 우리나라 회사, 다른 하나는 일본 회사가 공사를 맡았어요. 두 회사가 경쟁하며 건물을 올렸는데, 35일 늦게 시작한 우리나라 회사가 6일 먼저 공사를 끝냈어요.

### 못다 한 건축 수업 ②

# 사물을 닮은 세계의 이색 건축물 1

'건물은 사각형'이라는 상식을 깨는 건물이 전 세계에는 많이 있어요. 사각형에서 벗어나는 데 그치지 않고 특별한 사물을 본떠서 짓기도 해요. 상징적인 형태를 표현하기도 하고 아예 사물 모습을 따라 하기도 해요. 건축 세계에는 한계가 없다는 사실을 알 수 있어요.

덴버
미국

**버블 팰리스**
마치 비누 거품이 모여 있는 모습이에요. 패션 업계의 거물 피에르 가르뎅이 자신의 80회 생일을 기념해 지은 저택이에요. 콘크리트로 만든 둥근 형태가 인상적이에요.

**덴버 공항**
미국에서 가장 큰 공항이에요. 지붕은 태플론 코팅해서 거대한 천막처럼 보이는데, 하얗게 뾰족뾰족한 형태가 눈 덮인 로키산맥과 닮았어요.

## 알로브 타워

일명 불꽃 타워예요. 타오르는 불꽃을 형상화한 건물 세 개가 모여 있어요. 끊임없이 솟아 나오는 천연가스와 원유를 상징한답니다.

## CCTV 본사

중국 CCTV 본사 건물이에요. 비스듬히 기운 두 개의 탑이 만나는 형태인데 바지처럼 보인다고 해서 '큰 바지'라고 불러요.

프랑스
바쿠
아제르바이잔
중국
베이징
일본
마카오

## 그랜드 리스보아 호텔

금색으로 빛나고 파인애플 또는 왕관 닮은 모양이 독특해요. 실제로는 연꽃을 형상화한 모양이라고 해요. 마카오를 상징하는 건물이에요.

## 솔라 아크

일본 전자기업 파나소닉이 건설한 태양광 구조물이에요. 길이 315m, 높이 37m인 솔라 아크는 노아의 방주에서 영감을 얻어 만들었다고 해요. 태양광 발전소이자 박물관으로 사용한답니다.

2부 건축물의 다양한 형태

미술관/전시장/공연장/박물관/경기장/공항/공원

## 3부

# 많은 사람을 불러 모으는 공간

건축물은 기본적으로 사람이 활동하는 공간이에요. 집처럼 한 가정이 사는 곳이 있는가 하면, 전시장이나 경기장에는 아주 많은 사람이 몰려들어요. 많은 사람이 활동하려면 건축물이 커야 해요. 큰 건축물을 지으려면 기술도 필요하고 비용도 많이 들어요. 눈에 잘 띄고 많은 사람이 이용하다 보니 큰 건축물은 랜드마크 역할을 해요. 구상할 때부터 랜드마크 역할을 고려해서 멋진 디자인으로 완성해요.

공항이나 경기장 또는 전시장에 가봤을 거예요. 사각형 형태는 보기가 쉽지 않아요. 화려하면서 독특한 구조가 눈에 들어와요. 도시의 상징이 될 수 있도록 건축가들은 사람이 많이 모이는 건축물을 특별하게 설계해요. 이런 건축물은 도시의 풍경을 바꿔놓아요. 어떨 때는 죽어가는 도시를 살리기도 해요. 건축물이 우리 사회에 얼마나 큰 영향을 미치는지 알 수 있어요.

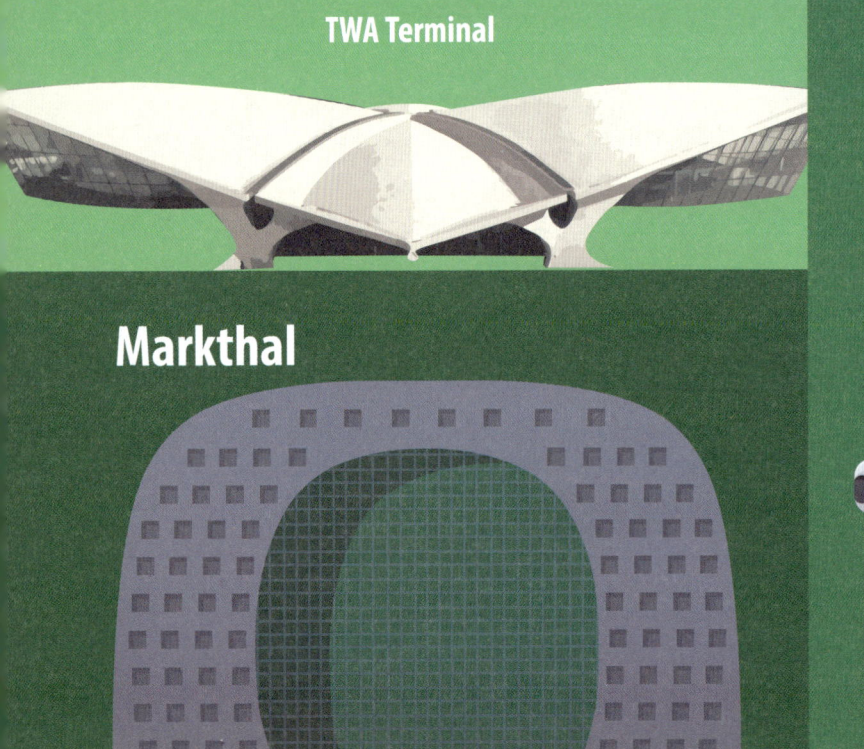
TWA Terminal

Markthal

Parque Güell

비행기처럼 날아갈 듯한 건물

# TWA 터미널

**TWA Terminal**

1962년 완공  **설계** | 에로 사리넨

### TWA 터미널은 유기적으로 표현한 건물이에요

TWA 터미널의 외관은 독수리처럼 생겼어요. 앞에서 보면 부리가 달린 독수리 머리가 있고 양 날개를 살짝 들린 형태처럼 보여요. 날아갈 준비를 하거나 아니면 방금 내려앉은 독수리처럼 보여서 비행기가 뜨고 내리는 공항의 특성에 잘 맞아떨어져요. 얼핏 보면 삼각형 형태가 두드러지는 F-117이나 B2 스텔스기처럼 생겼어요. 공항에 온 사람들이 건물만 봐도 비행기를 타는 곳에 왔다는 느낌을 받아요. 실내에도 곡선 위주로 설계해서 독특한 분위기를 풍겨요. 건물을 설계한 에로 사리넨은 터미널에 여행의 즐거움을 표현하려고 했어요.

### TWA 터미널

TWA 터미널은 '트랜스 월드 항공'이 사용하던 공항 터미널이에요. JFK 공항에는 터미널이 여러 개 있는데, 그중에서 5번 터미널이 TWA 터미널이에요. TWA 터미널은 건축 역사에 매우 중요한 곳이죠. 특이한 모양의 독창성을 인정받아 20세기 뛰어난 건축물 중 하나로 꼽혀요.

건물을 자연이나 생명체를 본떠 만드는 것을 유기적 표현이라고 해요. 날아가는 새를 형상화했는데, 에로 사리넨은 비행기를 어린 새로 봤어요. 터미널은 어린 새를 품는 보금자리 역할을 하는 어미 새를 나타내요. 건물은 Y자형 기둥이 지붕을 받치는 구조예요. 콘크리트로 만든 얇은 껍데기가 지붕을 이루는데 당시에는 시대를 앞서는 기술이었답니다.

### 독창성을 강조한 탓에 확장성은  고려하지 않고 지었어요

세월이 흘러 터미널을 넓혀야 하는데 새로 짓는 방법 외에는 해결책이 없었어요. 터미널을 주로 쓰던 TWA 항공마저 2001년 인수합병 된 데다가, 최신 큰 비행기를 수용할 수 없어서 터미널 역할도 사라졌어요. 6번 터미널과 합치려는 계획이 생기면서, 역사적인 건물을 보존해야 한다는 목소리도 커졌어요. 결국 새처럼 생긴 부분은 놔두는 대신 뒤쪽을 증축해서 해결했어요. 오랫동안 주인 없이 방치되던 TWA 터미널은 2019년 호텔로 변신했어요. 이름도 예전 명성을 살리도록 TWA 호텔이라고 지었어요. 내부에도 1960년대 분위기를 살려서 예전 터미널에 간 듯한 기분이 들도록 했어요.

> **유기적 표현**
>
> 유기체는 생명체 또는 생물체라고도 하는데 생명을 가진 존재를 말해요. 유기적 표현은 생명체나 자연의 형태와 비슷하게 만들거나, 생명체처럼 각 부분이 조화롭게 전체를 구성하는 표현을 가리켜요. 자연이나 사람과 조화를 이루도록 한다는 뜻도 있어요. 미국 뉴욕의 솔로몬 R. 구겐하임 미술관은 달팽이를 닮았어요. 시드니 오페라 하우스는 조개껍데기와 비슷하게 생겼어요.

3부 많은 사람을 불러 모으는 공간

## 공원 속에 만들고자 했던 집

# 구엘 공원

**Parque Güell**

1900~1914년  **설계** | 안토니오 가우디

스페인

### 구엘 공원

바르셀로나 시내가 내려다보이는 펠라다 산기슭에 있어요.

구엘 공원은 처음부터 공원은 아니었고 원래 주택 단지였어요. 가우디를 경제적으로 후원하던 구엘 백작은 영국식 전원도시에 영감을 받아서 공원 같은 전원도시를 만들고자 했어요. 구엘 공원 자리에는 집을 60채 지어서 사람이 살게 하려고 했고, 부자들을 위한 고급 주택 단지 조성을 목표로 삼았어요. 외부와 철저하게 분리해서 이상적인 도시 공동체를 만들고자 했어요. 계획은 실패로 끝났어요. 해발 고도가 150m로 높은 지대에 있는 데다가, 일반 주택과 다르게 너무 파격적이어서 사려는 사람이 없었어요. 현재 남은 시설과 집 두 채만 짓고 공사를 중단했어요. 1922년 바르셀로나시가 사들여서 공원으로 꾸몄답니다.

### 가우디는 지중해 초목에 보이는 요소를 건축에 적용했어요

가우디는 건물이 주변과 어울리면서 자연의 일부처럼 보이게 지었어요. 공원은 경사진 땅의 지형을 그대로 이용했어요. 길도 등고선을 따라 만들었어요. 도리아식 기둥 85개로 만든 신전은 원래 시장으로 만든 공간이에요. 옥상에 있는 광장은 문화 공연과 이벤트를 여는 장소예요. 극장 주변의 벤치는 세계에서 가장 아름답고 긴 벤치예요. 다양한 색과 모양으로 이뤄진 타일을 붙여서 만들었어요. 입구의 갈라지는 계단과 모자이크로 표현한 도마뱀도 공원의 상징적인 특징이랍니다.

## 공원 벤치에는 작은 배수구가 곳곳에 있어요

배수구로 들어간 빗물은 수로를 따라 한곳에 모여요. 바르셀로나 지역은 강수량이 적어서 물이 귀해요. 공원에는 빗물을 모아서 쓸 수 있게 하는 시설을 곳곳에 설치했어요. 위층 광장에서 모인 빗물은 광장을 받치는 기둥 속 수로를 통해 이동해요. 광장의 물이 모여서 기둥으로 흘러가는 구조는 하늘에서 비가 내리는 자연 현상을 형상화한 거라고 해요. 기둥은 비를 상징하고 천장은 마치 구름이 떠 있는 하늘처럼 생겼어요. 광장의 받은 빗물은 여러 겹 쌓은 자갈과 모래에 스며들어서 정화되어요. 이 물은 광장 아래 구름을 본뜬 웅덩이에 고여요. 자연을 중시한 가우디의 철학이 잘 드러나는 부분이에요.

### 가우디 건축의 특징은 자연이에요

도로와 건물이 많아 삭막한 도시에 나무와 풀이 우거지고 물이 있는 공원은 생명과도 같은 존재예요. 도시의 공기를 맑게 하고 사람들의 마음에 안정을 주는 고마운 존재지요. 축구장의 480배 규모인 뉴욕의 센트럴파크는 도시의 명물이 되기도 해요. 도시의 쉼터가 아닌 쉼터의 도시는 어떻게 될까요? 공원이 사람이 사는 집이나 생활 터전이 되는 거예요. 자연과 같은 공원 속에 도시가 생긴다고 생각해 보세요. 이런 거꾸로 된 생각을 한 건축가가 안토니오 가우디예요.

### 해발 고도

한라산의 높이는 1915m예요. 어디를 기준으로 잰 걸까요? 바다의 표면을 기준으로 삼았어요. 높이를 잴 때는 바닥부터 시작해요. 바닥의 기준은 여러 가지인데 주로 바다 표면을 사용해요. 바다 표면에서 잰 높이를 해발 고도라고 해요. 한라산의 높이도 정확히 말하면 해발 고도예요. 바다 표면의 높이는 밀물이나 썰물 또는 자연 현상의 영향을 받아서 수시로 변해요. 그래서 바다 표면 높이의 평균을 해발 고도의 기준으로 잡는답니다.

### 도리아식

도리아식은 기둥을 표현하는 양식 중 하나를 가리키는 말이에요. 고대 그리스 초창기에 주로 사용하던 양식이에요. 도리아식은 기둥머리 부분이 장식이 없고 단순하고 기둥 전체도 간결해요. 파르테논 신전은 도리아식 기둥을 사용한 대표적인 건물이에요.

달걀 닮은 세계 최대 공연장

# 국가대극원

國家大劇院

중국

**2007년 완공**　**설계 |** 폴 앙드뢰

### 국가대극원

국가대극원은 천안문 광장 서쪽에 있어요. 바로 옆에는 사회주의를 상징하는 커다란 인민대회당 건물이 있고, 길 건너편에는 수천 년 역사를 이어오는 자금성이 있어요. 최신식 건물과 오랜 역사를 지닌 건물이 조화를 이뤄요. 건물을 설계한 건축가 폴 앙드뢰는 베이징시를 중국 역사에만 머무르지 않고 국제도시의 면모를 갖추도록 건물을 설계했어요.

### 수면에 비치는 건물

건물이 물가나 수로 가까이 있으면 수면에 비친 건물이 멋진 장면을 이뤄요. 국가대극원처럼 반구형 건물이 물에 비치면 완전한 타원으로 보여서 독특한 개성을 드러내요. 스페인 발렌시아의 예술과 과학의 도시 단지에서 레미 스페릭 국제회의장은 물에 비친 모습이 마치 사람 눈동자처럼 보인답니다 ('예술과 과학의 도시' 단지는 '레이나 소피아 예술 궁전' 참고). 캄보디아의 앙코르 와트, 인도의 타지마할, 경복궁 경회루, 경주의 동궁과 월지도 수면에 비친 모습이 아름답기로 유명해요.

스페인 발렌시아의 예술과 과학의 도시 단지

### 창의적인 공연과 랜드마크 공연장

창작과 창의성의 나래를 펼치는 예술에는 여러 분야가 있는데 연극, 오페라, 뮤지컬 등은 공연이라는 형태로 현실화해요. 공연하려면 장소가 필요해요. 공연장은 한 나라의 예술 발전을 나타내는 척도예요. 공연장이 얼마나 많은지, 얼마나 훌륭하게 지었는지 중요하게 여겨요. 창의적인 공연을 하는 곳이라 공연장 건물도 자유로운 상상을 표현하는 데 초점을 맞춰요. 독특하게 짓다 보니 세계 랜드마크에 공연장이 유독 많답니다.

### 부활을 상징하는 알 형태를 형상화한 반구형 건물이에요

국가대극원은 동서 길이 212m, 남북 길이 144m, 높이는 46m예요. 지하로는 33m 내려가요. 전체 표면 넓이는 3만m²가 넘고, 티타늄과 유리로 덮었어요. 티타늄판은 1만 8000여 개가 쓰였는데, 모양이 같은 것은 네 개밖에 되지 않아요. 주변에는 호수가 둘러싸고 있어요. 건물이 호수에 비치면 반구형이 타원처럼 보인답니다. 물 위에 떠 있는 달걀이나 물방울 또는 호수 속 진주에 비유하기도 해요.

고대 중국 전설에 나오는 상상의 새인 봉황이 알껍데기를 깨고 나오는 이야기를 형상화했어요. 건축가 폴 앙드뢰는 알 형태가 부활을 상징한다고 설명해요. 관람객은 호수 아래 80m 길이 수중 터널을 거쳐서 건물로 들어가요. 안에는 오페라 하우스, 콘서트홀, 드라마 센터가 있어요. 전체 객석 수는 5473석이에요.

**구형과 반구형**

**구형**    공처럼 둥근 형태를 말해요. 둥근 지구를 떠올리면 돼요.

**반구형**    둥근 구를 절반으로 나눈 모양이에요. 반으로 자른 수박을 엎어 놓은 모양을 생각해봐요. 반구형은 돔이라고도 하는데 건축에서도 종종 볼 수 있어요. 체육관, 사원, 원자력발전소 등에 돔 구조를 사용해요. 우리나라 국회의사당 지붕에도 돔이 있어요. 돔은 아치를 모아놓은 거예요. 아치는 위로 휜 모양을 말하는 데 누르는 힘을 분산해서 버티는 힘이 강해요. 돔 역시 아치처럼 큰 힘을 받아도 잘 버텨요. 기둥이 없어도 되므로 체육관처럼 탁 트인 넓은 공간에 돔 구조가 알맞아요.

## 세계 최대 비정형 건물
# 동대문 디자인 플라자
**DDP**

2013년 완공  **설계** | 자하 하디드

### 동대문 운동장이 있던 자리에 생겼어요

오래된 건물을 그냥 놔둬야 할지 말아야 할지 고민이 돼요. 역사적 가치가 있다면 놔둬야 좋겠지만, 여러 가지 이유로 건물을 없애기도 해요. 꼭 남겨야 하는 건물은 통째로 다른 곳으로 옮기기도 한답니다. 동대문 디자인 플라자는 동대문 운동장이 있던 자리에 생겼어요. 역사의 현장인 동대문 운동장을 보존해야 할지 말지 논란이 많았는데, 결국 경기장을 없애고 새로운 건물이 들어섰어요. 동대문 디자인 플라자는 보통 줄인 말 디디피$^{DDP}$로 불려요. 꿈꾸고$^{Dream}$, 만들고$^{Design}$, 누린다$^{Play}$는 뜻을 담고 있어요.

### 건물이 기둥 없이 떠 있는 이유

자세히 보면 건물의 튀어나온 부분에 기둥이 없어요. 캔틸레버 방식을 썼기 때문이에요. 캔틸레버는 한쪽을 고정해서 길게 튀어나온 다른 부분을 지지하는 구조예요. ('캔틸레버 방식'은 '마하나콘 타워' 참고)

**동대문 운동장**

우리나라 스포츠 경기의 주 무대였어요. 동대문 운동장 자리는 물길이 흘러가는 이간수문이 있던 곳이에요. 조선시대 군사 시설인 훈련도감이 있었고, 상인들이 물건을 팔던 난전이 열리던 곳이기도 해요. 일제강점기에는 독립 만세를 외치던 장소예요. 1925년 원래 있던 성곽을 허물고 경성 운동장이 생겼어요. 히로히토 당시 일본 왕세자의 결혼을 기념한다는 이유였어요. 해방 후 1948년 경성 운동장은 서울 운동장으로 바뀌었고, 1984년 잠실 운동장이 생기면서 이름이 동대문 운동장으로 바뀌었어요. 잠실 운동장이 생기기 전까지 수많은 스포츠 경기가 열렸어요. 20세기 우리나라를 대표하는 경기장 역할을 해냈답니다.

### 세계에서 가장 큰 3차원 비정형 건물이에요

네모든 동그라미든 건물에는 정해진 형태가 있는데, DDP는 특정한 형태가 없어요. 이렇게 형태가 정해지지 않은 건물을 비정형 건물이라고 불러요. DDP는 UFO처럼 보이기도 하고, 액체 금속을 땅에 부어서 퍼진 모양 같기도 해요. 마치 땅의 일부분처럼 지면을 덮고 있어요. DDP의 비정형 건물을 나타내는 특징은 외부를 덮은 알루미늄 패널이에요. DDP의 개성을 표현하는 소재인데, 4만 5133개에 이르는 패널의 모양이 같은 게 하나도 없어요. 건물에 일정한 틀이 없어서 패널의 모양도 다 다른 거예요.

### 자하 하디드가 설계한 내용을 현실화하기 위해 입체 방식 3D 설계를 도입했어요

평면 방식 2D 설계로는 할 수가 없던 거예요. 외부 패널의 모양을 하나하나 따로 만들어야 하는데, 이전 방식으로 하려면 일일이 수작업으로 제작해야 해서 20년이 걸린다는 계산이 나왔어요. 결국 우리나라에서 장비와 절단기를 개발해서 계획대로 진행했어요.

**자하 하디드**

이라크 태생 자하 하디드(1950~2016)는 해체주의 건축으로 유명한 건축가예요. 이전에 없던 특이한 건물을 짓기로 유명해요. 2004년에 여성 최초로 건축계의 노벨상인 프리츠커상을 받았답니다. 오스트리아 인스부르크 베이그이젤 스키 점프타워, BMW 공장 센트럴 빌딩, 광저우 오페라 하우스, 로마의 국립21세기미술관, 헤이다 알리예프 센터 등을 설계했어요.

### 보는 각도에 따라 달라지는 변신의 귀재

# 레이나 소피아 예술 궁전

Palau del les Arts Reina Sofia

스페인

2005년 완공　**설계** | 산티아고 칼라트라바

● 발렌시아

스페인

### 예술과 과학의 도시

레이나 소피아 예술 궁전이 있는 곳은 '예술과 과학의 도시'예요. 이곳은 스페인 발렌시아에 만든 문화 복합 단지예요. 건물마다 특색을 살려서 단지 전체가 건물의 경연장처럼 보여요. 과학·기술·자연·음악·예술·교육·디자인·오락을 한 자리에서 보고 경험할 수 있는 곳이에요. 스페인 발렌시아는 2000년 전에 세워진 역사 도시예요. 아직도 오랜 건물이 많이 남아 있어요. 예술과 과학의 도시는 역사가 오랜 발렌시아에 세워진 미래 도시예요. 과거와 미래가 공존하는 독특한 분위기를 보여줘요. 발렌시아 출신 건축가 산티아고 칼라트라바와 마드리드 출신 건축가 펠릭스 칸델라가 함께 만들었어요.

발렌시아 예술과 과학의 도시

### 레이나 소피아 예술 궁전

소피아 예술 궁전은 시드니 오페라 하우스와 대비되는 건물이에요. 독특한 형태로 시드니 오페라 하우스의 명성을 넘어서려고 해요. 레이나 소피아 예술 궁전은 발렌시아 출신 건축가 산티아고 칼라트라바가 설계했어요.

형태가 독특해서 투구, 우주선, 보트, 사람의 눈처럼 다양한 모습으로 보여요. 건물은 안쪽 건물을 바깥쪽 껍데기가 둘러싸는 구조여서 헬멧이나 물고기처럼 보이기도 해요. 보는 사람에 따라서 여러 가지로 모양으로 나타나요. 건물 꼭대기에 꼬리처럼 생긴 부분은 공중에 떠 있는 구조예요. 어떻게 지구의 중력과 무관하게 떠 있는지 궁금해져요. 자세히 보면 한쪽 끝이 지면에 단단히 고정되어 있고 중간 부분에도 받침대가 지지해요.

### 레미 스페릭 국제회의장

사람의 눈을 형상화했어요. '지혜의 눈'을 표현했는데, 세상을 바라보며 반응하는 인간의 신체의 한 부분을 나타내요.

### 프린시페 펠레페 과학 박물관

고래 뼈 모양으로 만들었어요. 하얀색 철골을 고래 뼈처럼 배치했어요. 엘 아고라는 다기능 건물인데 조개 모양을 하고 있어요.

### 오세아노그라픽

아쿠아리움이에요. 불가사리가 다리를 들고 있는 모습처럼 보여요. 이 건물들은 1800m 길이로 물 위에 떠 있듯이 자리 잡았어요. 밤에는 수면에 비친 모습까지 합쳐져 독특한 분위기를 내요.

레이나 소피아 예술 궁전

레미 스페릭 국제회의장

프린시페 펠레페 과학 박물관

오세아노그라픽

## 정체불명이지만 용도가 확실한 건물

# 마르크탈
**Markthal**

네덜란드
로테르담

2005년 완공　**설계** | MVRDV 건축 사무소

### 마르크탈
네덜란드 로테르담에는 이상한 주상복합 건물이 있어요. 말발굽이나 롤케이크처럼 생겼는데 속은 뻥 뚫린 모양이에요. 뚫린 부분은 유리로 막아놓았고 안에는 화려한 그림도 보여요. 앞에는 유리창도 있고 옆에는 사각형 홈이 가득해요. 비행기 격납고처럼 보이기도 하고 창고 같기도 해요. 이 건물의 정체는 마르크탈(또는 마켓홀)이에요.

### 주상복합
주상복합은 집(주)과 상가(상)가 같이(복합) 있는 건물을 말해요. 높은 빌딩처럼 생긴 아파트이고 맨 아래 두세 층에는 가게가 모여 있어요. 건축법에서는 주거복합건물이라고 표현해요. 주거 공간과 다른 용도 공간이 함께 있는 건물에서 공동 주택이 차지하는 면적이 전체 면적 합계의 90% 미만인 것을 가리킨답니다.

### 전통시장과 주택을 결합한 주상복합 건물이에요

마르크탈은 우리가 아는 주상복합 건물과는 완전히 딴판이에요. 마르크탈의 1, 2층은 전통시장과 상점이고, 3~11층은 아파트예요. 식품위생법이 엄격해져서 지붕이 없으면 시장을 열 수 없게 되면서, 이미 있는 시장에는 지붕을 설치하고 새로 짓는 시장은 실내형으로 만들어야 했어요. 마르크탈은 원래 있던 시장 자리에 지붕이 있는 새로운 건물을 세운 거예요.

앞뒤를 유리로 막은 구조도 날씨의 영향을 받지 않도록 생각해낸 방법이에요. 일주일에 두 번 열리던 노천시장(개방된 곳에서 물건을 파는 시장)은 일주일 내내 장사를 할 수 있게 되었어요. 비가 자주 내리는 네덜란드에서 날씨 걱정하지 않고 영업할 수 있는 곳이랍니다. 지하에는 1200대를 수용하는 주차장을 만들어서, 전통시장에 쉽게 오갈 수 있도록 했어요.

### 특이한 구조 덕분에 건물 전체가 예술 작품처럼 보여요

안쪽 벽에도 그림을 그려놓았는데 네덜란드에서 가장 큰 '풍요의 뿔'이라는 예술작품이에요. 알루미늄판에 그림 일부분을 그린 후 하나씩 이어 붙여서 완성했어요. 말발굽 부분에는 주택이 들어서 있어요. 네덜란드에서는 햇빛이 일정량 이상 들어와야 해요. 집은 햇빛이 잘 들게 건물 바깥쪽에 배치했어요. 집 안에서는 건물 바깥쪽 또는 시장이 보여요. 원래는 집에서 물건을 살 수 있었다고 해요. 시장 쪽으로 창이 난 집은 바구니를 밧줄에 달아 내려서 시장의 물건을 사서 올리도록 했대요. 안전 문제로 실제로 그렇게 하지는 못했답니다.

### 연필깎이라는 별명이 있어요

로테르담에는 에라스무스 다리, 로테르담 중앙역, 큐브 하우스 등 개성 넘치는 건물로 가득해요. 마켓홀 옆에는 연필처럼 생긴 연필 타워(=펜슬 빌딩)가 있어요. 아파트인데 몽당연필처럼 생겼어요. 로테르담 사람들은 연필 타워 옆에 있는 마켓홀을 연필깎이라고 부른다고 해요. 연필을 집어넣고 돌려서 깎는 연필깎이처럼 생겼다고 해서 붙은 별명이에요.

### 도시를 살리는 건축의 힘

# 빌바오 구겐하임 미술관

**Guggenheim Museum Bilbao**

1997년 완공　**설계** | 프랭크 게리

### 빌바오 효과의 본보기예요

스페인 빌바오는 배를 만드는 조선업과 철강산업이 발달한 지역이었지만 철강산업이 쇠퇴하면서 도시도 힘을 잃었어요. 빌바오를 살리기 위해 시는 대대적인 도시 계획을 세웠어요. 낡은 항구를 옮기고 공공 시설물을 만들었는데, 빌바오 구겐하임 미술관도 그중 하나예요.

빌바오 구겐하임 미술관은 인구 35만 명 도시에 해마다 100만 명이 넘게 방문하는 명소가 되었어요. 이름 없는 도시였던 빌바오는 유명한 관광도시로 변했어요. 빌바오 구겐하임 미술관을 얘기할 때는 쇠퇴하는 지역을 되살린 건물이라는 내용이 꼭 따라붙어요. 잘 지은 건물 하나가 지역 발전에 얼마나 긍정적인 영향을 미치는지 보여준답니다. 이를 '빌바오 효과'라고 불러요.

**깨진 유리창 이론 ↔ 빌바오 효과**

깨진 유리창 이론은 유리창 하나를 깨진 채로 놔두면 그 지역에 범죄가 늘어난다는 내용이에요. 사소한 무질서를 방치하면 점점 무질서에 동화되어서 지역 전체에 범죄가 늘어나요. 작은 일에 소홀히 했을 때 큰 피해로 돌아오는 일은 우리 주변에서도 종종 볼 수 있어요.

빌바오 효과는 깨진 유리창 이론과 반대 현상이고 할 수 있어요. 작은 일도 그냥 지나치지 않고 중요하게 생각하거나, 어느 하나를 좋게 바꾸면 전체가 바람직하게 변할 수 있어요.

### 0.38cm의 얇은 티타늄판 3만 3000개로 덮여 있어요

빌바오 구겐하임 박물관은 전시하는 작품으로도 유명하지만 건물 자체로 더 이름을 날려요. 프랭크 게리가 설계한 건물은 꽃처럼 보이기도 하고('금속 꽃'이라는 별명이 붙었어요), 항공 모함이나 우주선처럼 생기기도 해서 보는 이의 상상력을 자극해요. 프랭크 게리는 물고기를 형상화했다고 말해요. 금속판 수만 개가 마치 물고기의 비늘처럼 보여요. 재료는 석회암, 유리, 티타늄으로 만든 금속판을 주로 써서 만들었어요. 0.38cm 얇은 티타늄판 3만 3000개를 덮어서 미술관을 완성했어요.

빌바오 구겐하임 미술관에는 내구성을 고려해 티타늄 소재를 썼어요. 바다로 흘러 들어가는 강 바로 옆에 있는 데다가 흐린 날이 많아서 공기가 습해 부식에 강하고 오래가는 티타늄을 주재료로 골랐어요. 프랭크 게리는 원래 스테인리스 스틸을 쓰려고 했지만 생동감이 떨어져서 고민했어요. 비 오는 날에도 반짝거리는 티타늄을 우연히 사무실에서 보고 티타늄을 쓰기로 했어요. 티타늄은 무게도 가볍고 곡면으로 가공하기도 쉬워요.

> **티타늄**
> 건물을 지을 때는 금속, 유리, 플라스틱, 나무 등 다양한 소재를 사용해요. 티타늄('타이타늄'이라고 부르기도 해요)은 가볍고, 강하고, 녹슬지 않는 성질을 지닌 금속이에요. 본격적으로 사용하기 시작한 1950년대에는 항공우주와 군용으로 주로 쓰였어요. 지금은 조선, 자동차, 골프채, 등산용품 등 다양한 곳에 활용해요. 건물에는 주로 외부를 덮는 소재로 사용해요. 녹슬지 않고 가벼운 데다가 불에 타지도 않아서 건물 재료로 쓰기에 제격이에요. 무엇보다 여러 가지 색으로 빛나서 건물을 아름답게 꾸밀 수 있어요.

■ 작품보다 더 돋보이는 미술관

# 솔로몬 R. 구겐하임 미술관
**Solomon R. Guggenheim Museum**　　1959년 완공　설계 | 프랭크 로이드 라이트

미국

**사각형 전시 공간에서 벗어난 설계로 모두를 놀라게 했어요**

규모가 큰 미술관이나 박물관에 가면 길을 잃기 쉬워요. 층이 여러 개인데다가 층마다 방이 많아서 미로 같아요. 화살표로 동선을 표시해놓았지만 헷갈리기 쉬워서 반대로 가기도 해요. 전시품 하나를 오래 보거나 잠시 딴 데 정신 팔기라도 하면 일행과 떨어지기 일쑤예요. 앞서간 일행을 찾는 것도 일이에요.

미국 뉴욕에 있는 구겐하임 미술관에 가면 길 잃을 염려를 하지 않아도 돼요. 가운데가 바닥부터 천장까지 뻥 뚫린 구조이고 나선형 경사로가 벽을 타고 이어져요. 동선이 간단해서 맨 밑에서 또는 위에서 통로를 따라 미술품을 감상하면서 지나가기만 하면 돼요. 6층 건물인데 계단이 없어서 편하게 걸을 수 있어요.

설계는 건축가 프랭크 로이드 라이트가 맡았어요. 1943에 시작했는데 공사는 1956년부터 이뤄졌어요. 벽이 미술품을 걸기에 적당하지 않고, 작품보다 건물이 돋보인다는 이유로 미술계에서 반발해서 공사가 늦어진 거예요.

### 예술적 가치를 인정받은 유네스코 세계문화유산이에요

하얀색으로 단장한 건물은 항아리처럼 보이기도 하고 달팽이가 떠오르기도 해요. 건물 자체로도 예술적 가치를 인정받아서 2019년 유네스코 세계유산에 이름을 올렸어요.

구겐하임 미술관은 구겐하임 가문에 속한 개인 미술관이에요. 구겐하임 가문의 일원이고 재벌이자 자선 사업가인 솔로몬 R. 구겐하임의 수집품을 전시하고자 미술관을 만들었어요.

뉴욕
미국

#### 현대 건축의 3대 거장

**프랭크 로이드 라이트(1867~1959)**
미국 출신으로 모더니즘 건축의 거장이에요. 건축이 자연 속에 스며들어야 한다는 철학에 맞춰 시간, 장소, 사람이 조화를 이루는 건축물을 만들려고 시도했어요. 천연 재료를 사용해 자연환경에 어울리는 건축을 추구해요. 펜실베이니아의 피츠버그에 있는 '낙수장(폴링워터)'은 그의 걸작으로 꼽혀요. 강가 바위 위에 세운 집인데 계단을 따라 내려가면 바로 폭포가 나오는 특이한 구조예요. 20세기 최고 건축물 중 하나로 꼽혀요

**르 코르뷔지에(1887~1965)**
프랑스계 스위스인 건축가예요. '현대 건축의 아버지'로 불리고, 20세기 가장 영향력 있는 건축가이자 건축 이론가로 꼽혀요. 철근 콘크리트를 활용하는 현대적인 건축 양식을 발전시키고, 근대 건축 5원칙을 확립하는 등 20세기 건축 발달을 이끌었어요. 유네스코는 르 코르뷔지에가 설계한 7개국에 있는 17개 건축물을 세계문화유산에 올렸답니다.

**미스 반 데어 로에(1886~1969)**
근대 건축의 개척자로 꼽혀요. 'less is more'(더 적은 것이 더 많은 것이다)라는 유명한 말을 남겼고, 이 말을 건축물에 적용했어요. 단순하고 간결한 건축물을 만들기 위해 철과 유리를 사용했고, 이런 구조는 현대 건축 양식의 시작이 되었어요.

3부 많은 사람을 불러 모으는 공간

## 빛으로 소통하는 경기장

# 알리안츠 아레나
**Allianz Arena**

2005년 완공  **설계** | 헤르조그 & 드 뮤론

### 독특한 원형 고리 모양이에요

알리안츠 아레나는 도넛이나 타이어처럼 보이기도 하고, 고무 튜브나 형광등이 떠오르기도 해요. 현지에서는 고무보트를 뜻하는 쉴라우흐부트<sup>Schlauchboot</sup>라고 불러요. 겉에는 풍선처럼 부푼 하얀 색 마름모꼴 쿠션이 2800여 개 붙어 있어요. ETFE 판인데 빛이 잘 통과하는 소재예요.

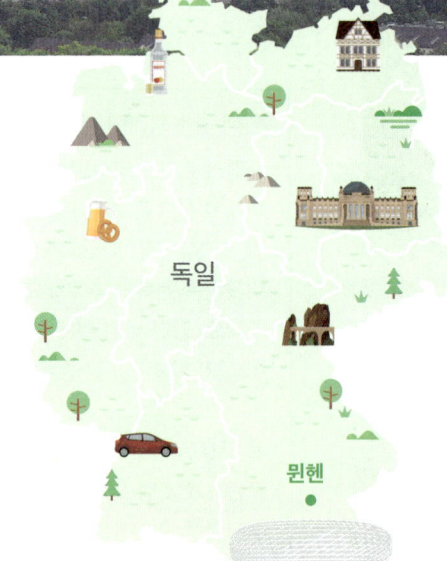

### 2006년 독일 월드컵 경기를 위해 만든 축구 경기장이에요

축구 경기 관람에 맞게 설계한 축구 전용 건축물이에요. 관중석 위까지 건물이 덮인 구조여서 비가 와도 관람객은 비를 맞지 않아요. 경기장과 관람석의 거리도 가까워서 생생

하게 경기를 볼 수 있어요. 축구가 인기를 끄는 독일은 물론 전 세계에 매우 유명한 건축물이에요. 최대 7만 5000명을 수용하는 규모인데 경기가 열리는 날에는 자리가 꽉 찰 정도로 열기가 뜨거워요. 알리안츠는 독일 보험사 이름이에요. 건설 비용의 일부를 부담하는 대신 30년 동안 자사 이름을 경기장에 쓰기로 했어요.

### 빛에서 나오는 1600만 가지 색으로 다양하게 소통해요

알리안츠 아레나 외벽은 조명을 이용해 색을 표현하는 기능을 갖췄어요. 경기하는 팀의 대표 색상이나 독일 국기를 표시해요. 원래는 홈팀 색상을 비롯해 몇 가지만 표시할 수 있었어요. 경기장은 바이에른 뮌헨과 TSV 1860 뮌헨이 주도해서 만들었어요. 이 팀들의 대표 색상이 빨간색과 파란색이에요. 국가대표팀이 경기할 때는 하얀색, 바이에른 뮌헨은 빨간색, TSV 1860 뮌헨은 파란색으로 빛났어요. 두 팀이 경기할 때는 반반씩 불이 들어왔어요.

2015년부터는 LED(발광 다이오드) 조명으로 교체해서 표현하는 색이 1600만 가지로 늘어났어요. 단순히 색을 표현하는 데 그치지 않고 다양한 색을 조합해 표현할 수 있게 되었어요. 경기장에 외벽에 들어온 불은 75km 떨어진 곳에서도 볼 수 있을 정도로 밝게 빛난답니다.

**ETFE**
ETFE는 불소라는 물질을 이용해서 만든 플라스틱의 한 종류예요. 가볍고, 유연하고, 녹는점이 높고, 수명이 길어요. 빛이 잘 통과하고, 모양도 자유롭게 만들 수 있어요. 전선 피복, 온실, 방음벽, 건축물 외벽 재료 등 다양한 용도로 쓰여요. 중국 베이징의 올림픽 수영 경기장, 세계에서 가장 큰 온실 식물원인 영국 에덴 프로젝트, 세계 최대 천막인 카자흐스탄 칸 샤티르 등에 ETFE를 사용했어요.

**미디어 파사드**
영상이나 조명을 표현하는 건물이 늘고 있어요. 미디어 파사드는 조명을 활용해서 건물의 겉면을 대형 스크린으로 활용하는 방식을 말해요. 미디어는 영상을 비롯해 정보를 전달하는 무엇인가를 말해요. 파사드는 처음 눈에 들어오는 건물의 외부를 말해요. 미디어 파사드는 건물에 띄운 디지털 화면이에요.

3부 많은 사람을 불러 모으는 공간

전 세계에 모르는 사람이 없는 건축물

# 오페라 하우스
**Opera House**

호주

1973년 완공    **설계** | 예른 웃손

### 오렌지 조각에서 아이디어를 얻은 조개껍질 모양 지붕

조개껍질 모양 지붕은 자세히 보면 곡면의 둥그런 정도가 같아요. 한 개의 구에서 잘라냈기 때문이에요. 건축가 예른 웃손이 공모전에 참가하기 위해 고심하던 중에 아내가 준 오렌지 조각을 보고 아이디어를 얻었다는 일화가 전해져요. 지붕은 기둥이 없어서 무게와 바람을 견디기에 아주 불리한 구조예요. 4년 동안 컴퓨터로 계산한 끝에 철근 콘크리트 대신 강철선을 둘러싸는 방법으로 문제점을 해결했어요.

### 지붕은 세라믹 타일 100만 장을 붙였어요

시드니를 넘어 호주를 상징하는 대표 건물로 인정받고 있는 오페라 하우스는 뾰족뾰죽한 지붕을 여러 개 겹쳐서 구성한 건물은 조개껍질을 모아놓은 듯한 형태예요. 요트에 달린 돛 같기도 하고 보는 각도에 따라서 구름을 비롯해 여러 가지 모양으로 보여요.

겉에 하얀색은 타일이에요. 가로세로 각각 12cm인 흰색과 금색 타일 100만 장을 붙여서 완성했어요. 빛의 각도와 양에 따라 색감이 달라지는데 시드니 바다와 하늘의 색과 대비되는 지붕을 만들기 위해 생각해낸 방법이에요. 광택을 유지하는 데 알맞은 소재를 찾다가 세라믹으로 정했어요.

### 2007년에 유네스코 세계문화유산에 뽑혔어요

오페라 하우스 설계는 1956년 공모전을 열어서 정했어요. 전 세계에서 200명이 넘는 건축가가 도전했고 덴마크 출신 건축가 예른 웃손의 작품이 뽑혔어요. 예른 웃손은 공모전에 간단한 개념만 제출했는데 독창성을 인정받아 당선되었어요. 워낙 특이하고 이전에 없던 방식이어서 실제 건축물로 만드는 데 어려움이 많았어요. 4년을 예상한 공사 기간이 10년이나 늘어났어요. 어려운 과정을 거쳐서 완성한 오페라 하우스는 건축물의 가치를 인정받아 2007년 현대 건축물로는 드물게 유네스코 세계문화유산에 이름이 올랐어요.

> **세라믹**
> 세라믹은 금속이 아닌 무기물 재료를 가리켜요. 생명체와 관련된 물질을 유기물이라고 하는데, 무기물은 유기물이 아닌 물질을 말해요. 무기물 중에서 금속이 아닌 것이 세라믹이에요. 시멘트, 유리, 도자기, 타일, 벽돌도 세라믹에 속해요. 세라믹은 단단하고, 불에 타지 않고, 화학 물질에 잘 견디고, 녹는 온도가 높고, 열이 잘 통하지 않아요. 건축물에도 세라믹을 사용해요. 오염에 강해서 잘 더러워지지 않고, 햇빛을 받아도 색이 변하지 않고, 방음 효과도 우수해서 건축물 재료로 알맞아요.

### 파도처럼 물결치는 건물

# 월트 디즈니 콘서트홀

**Walt Disney Concert Hall**

미국

2003년 완공　**설계** | 프랭크 게리

### 월트 디즈니를 기리기 위해 만들었어요

월트 디즈니(1901~1966)의 부인 월트 디즈니 여사는 로스앤젤레스 시민들에게 문화 공간을 제공할 목적으로 1987년 프로젝트를 시작했어요. 공모전을 열어 설계안을 모집해 73명이 지원했고, 로스앤젤레스 출신 프랭크 게리가 뽑혔어요. 프랭크 게리는 해체주의의 거장이에요. 해체주의는 정형적인 이전 건축물에서 벗어나 비틀리고 휘는 등 관습을 파괴하는 모습을 보여줘요.

**프랭크 게리**

예술가는 도구나 환경 탓을 하지 않아요. 아기가 그린 삐뚤빼뚤 엉망인 그림을 손봐서 멋진 그림으로 되살려내기도 하고, 의미 없는 얼룩 자국을 응용해서 훌륭한 예술 작품으로 만들어내기도 해요. 건축가 프랭크 게리(1929~ )는 스테인리스 스틸을 물결치는 모양으로 뒤덮은 건축물로 유명해요. 구겨진 종이에서 영감을 얻어서 건축물을 설계해요. 하찮은 소재인 구겨진 종이 형태를 위대한 건축물로 바꿔놓아요.

### 월트 디즈니 콘서트홀

월트 디즈니 콘서트홀은 시드니 오페라 하우스, 빌바오 구겐하임 박물관과 함께 현대 3대 건축물로 꼽혀요.
월트 디즈니 콘서트홀은 비용이 늘어나고 로스앤젤레스 폭동과 지진, 경제 불황 등이 겹쳐서 시작한 지 얼마 지나지 않아 공사가 중단되었어요. 독특한 모양으로 화제를 모은 구겐하임 박물관 덕분에 쇠락한 도시였던 빌바오가 관광도시로 활력을 되찾은 영향을 받아 월트 디즈니 콘서트홀도 13년 만에 완공되었어요.

미국
캘리포니아
로스앤젤레스

### 부속 건물 일곱 개가 콘서트홀을 둘러싸고 있어요

월트 디즈니 콘서트홀은 바람에 부푼 돛처럼 보이기도 하고 장미꽃 같기도 해요. 항해하는 배가 파도 속에 있는 모습처럼 보이기도 하는데, 실제로 '항해'를 주제로 해서 건물을 설계했어요. 형태가 자유로울수록 설계하기는 더 힘들어져요. 프랭크 게리는 프랑스 회사가 항공우주용으로 만든 CATIA라는 설계 프로그램을 가져다가 건축 설계에 사용했어요. 빌바오 구겐하임 미술관, 동대문 디자인 플라자도 이 프로그램을 이용해 설계한 건축물이에요.

### 관객이 연주자들을 둘러싸는 특이한 구조예요

대부분 콘서트홀은 연주자들이 앞에 있고 관객들이 부채꼴 형태로 둘러싸는 형태를 띠어요. 월트 디즈니 콘서트홀은 연주자들을 관객이 둘러싸는 형태예요(포도밭 구조라고 불러요). 누구나 예술과 문화를 즐길 수 있는 평등한 관계와 화합을 이루기 위한 목적이에요. 건물에도 입구가 명확히 드러나지 않아서 어디서든 접근할 수 있어요. 누구나 부담 없이 차별받지 않고 방문하도록 그렇게 지었다고 해요.

### 스테인리스 스틸

스테인리스 스틸은 철에 크롬을 12% 넣은 금속이에요. 철은 공기나 수분과 접촉하면 반응이 일어나서 녹이 슬어요. 크롬은 크로뮴이라고도 하는데, 화학 원소 중 하나예요. 은색 광택이 나는 금속이고, 쉽게 부서지지만 색은 잘 변하지 않아요. 철에 크롬을 섞으면 표면에 얇은 막이 생겨 녹이 슬지 않아요. 이름도 '녹(stain)이 덜(less) 생기는 철(steel)'이라는 뜻이에요. 녹이 슬지 않아서 기계, 식기, 건축 재료 등 여러 분야에 쓰여요.
스테인리스 스틸은 1912년 영국 브라운 퍼스 연구소에서 연구원으로 일하던 해리 브리얼리가 발명했어요. 공장에서 산책하다가 반짝이는 쇳조각을 발견했는데, 고온에 견디는 철강 재료를 연구하다가 버린 것이었어요. 오랜 시간이 지나고 비까지 맞았는데 녹슬지 않은 점을 이상하게 여겨서 조사하다가 철과 크롬이 섞인 사실을 알아냈어요. 결국 철과 크롬을 일정 비율로 섞어서 녹이 슬지 않는 스테인리스 스틸을 만들어냈어요.

# 자연의 일부가 된 박물관

# 전곡선사박물관

대한민국

2011년 개관  설계 | X-TU

**전곡리 선사 유적(사전 제268호)**
아시아 최초로 아슐리안 주먹도끼가 발견됐어요. 30만 년 전에 사용하던 것이에요. 유적에는 구석기 시대 사람들의 생활 모습을 밝혀줄 중요한 자료가 많아요. 우리나라와 동아시아 구석기 문화를 연구하는 데 중요한 역할을 하는 유적이에요. 구석기 시대에는 동물을 잡아먹거나 야생 식물을 먹었어요. 집을 따로 짓고 살지는 않았어요. 바위 그늘에 머물거나 자연 상태 동굴에서 몸을 피했어요. 동굴은 피신처 외에도 종교의식 장소로 쓰였어요.

ⓒ 전곡선사박물관

## 선사시대 유물을 전시하는 박물관이에요

일부러 위장해야 하는 사람과 달리 동식물은 있는 그대로가 자연의 일부처럼 보여요. 따로 위장하지 않아도 눈에 띄지 않는답니다. 자연 속에 홀로 서 있는 건물은 눈에 잘 띄어요. 자연과 조화를 이루면 괜찮지만, 인공적인 느낌이 많이 나면 자연경관을 해쳐요.

경기도 연천군 전곡리는 구석기 유물이 많이 나온 역사적으로 중요한 장소예요. 두 언덕을 다리처럼 연결하는 박물관은 곡선으로 설계해 풍경 속에 잘 녹아들어요. 은빛 금속을 사용한 세련된 건물이지만 자연과 잘 어울려요. 옆에서 보면 가늘고 긴 뱀이 한 마리 지나가는 듯해요.

설계한 회사는 우리나라에서 중요하게 여기는 용에서 영감을 얻어 건물의 겉을 용의 비늘처럼 보이게 하려고 시도했어요. 위에서 보면 지형 구조에 맞게 퍼즐의 한 조각처럼 잘 들어맞아요. 마치 선사시대 유물처럼 생겼어요. 외계에서 온 비행체가 지구 탐험에 나서기 전에 자연 속에 숨어 있는 듯한 장면처럼 보이기도 해요.

## 동굴처럼 이어진 공간은 선사시대 환경을 반영해요

특이한 점은 창문이 없어요. 박물관은 전시 위주여서 창문이 필요하지 않은 점을 반영한 거예요. 외부 소재는 스테인리스 스틸인데 작은 구멍이 뚫려 있어서 밤에는 구멍으로 빛이 새어 나와서 독특한 분위기를 내요. 전시관 안은 동굴처럼 이어져요. 선사시대 유물을 전시하는 공간인 만큼 그때 환경을 반영했어요. ('스테인리스 스틸'은 '월트 디즈니 콘서트홀' 참고)

**카모플라쥬**

눈에 띄지 않으려면 위장이 필요해요. 개인, 무기, 시설 등을 자연환경이나 지형에 맞게 숨기는 것을 위장이라고 해요. 위장할 때는 나뭇잎이나 풀을 꽂거나, 위장망을 씌우거나, 여러 가지 색을 불규칙하게 칠하는 방법을 사용해요. 군인들의 군복도 위장 효과가 있어요. 풀숲에 들어가면 잘 보이지 않아요. 얼굴에도 위장 크림을 발라요. 전투기나 탱크에도 작전을 치르는 지역에 맞게 위장 페인트를 칠해요. 숲이 많은 곳에서는 얼룩덜룩하게, 사막에는 모래색으로, 눈밭에서는 하얀색으로 위장해요.

고대 로마 스포츠 경기의 열기

# 콜로세움
## Colosseum

이탈리아

서기 80년경 완공 (고대 로마)

**관중이 5만 명이나 들어갈 수 있는 고대 로마 시대 경기장이에요**

2000여 년 전에 그런 큰 시설이 지었다니 그 당시 스포츠 열기가 어느 정도인지 짐작할 수 있어요. 경기 종목은 지금과는 달라요. 콜로세움에서는 검투사들이 목숨을 걸고 경기를 펼쳤어요. 동물 사냥이나 모의 해전, 신화 재연 등 다양한 행사도 열렸어요.

콜로세움의 정식 명칭은 왕의 가문 이름을 딴 '플라비우스 원형 경기장'이에요. 서기 70년 베스파시아누스 황제가 착공해 10년 뒤인 서기 80년 아들 티투스 황제가 완성했어요. 베스파시아누스 황제는 로마 군중의 인기를 얻고 자신의 권력을 과시하고자 콜로세움을 만들었어요.

### 무거운 무게를 잘 견디는 아치와 볼트 구조를 사용했어요

콜로세움은 지름 188m, 둘레 527m, 높이 57m인 4층 건물이에요. 경기장 내부는 길이 87m, 너비 55m예요. 재료가 돌이어서 무게를 잘 견뎌야 하고, 관중이 5만 명이나 들어가기 때문에 무너지는 일이 발생하지 않아야 했어요. 무게를 잘 견디도록 이용한 구조는 힘을 잘 분산하는 아치예요. 콜로세움에는 층마다 80개씩 아치 240개를 만들었어요. 관중석 밑에는 아치에서 발전한 볼트 구조도 사용해서 커다란 건물을 튼튼하게 지었어요.

### 천막 지붕과 배수 시설

비가 오면 경기를 보기 힘들어요. 요즘에는 관중석 위까지 구조물을 만들어서 비가 내려도 아래로 떨어지지 않게 하거나, 아예 돔구장처럼 지붕을 덮기도 해요. 콜로세움에는 나무에 천을 연결해 만든 벨라리움이라는 천막 지붕이 있었다고 해요. 이와는 별개로 비가 올 때를 대비해 물이 빠르게 빠져나가도록 배수 시설을 정교하게 만들었어요.

### 관람객의 시야를 확보하기 위해 좌석 각도도 조절했어요

콜로세움의 2층은 30도, 3층은 35도로 각도가 커지게 해서 3층 관람객이 2층에 가리지 않도록 했어요.

### 주된 재료는 벽돌과 콘크리트예요

큰 건물을 벽돌만으로 만들 수는 없어서 콘크리트를 적극적으로 사용했어요. 콘크리트는 이미 로마 시대 이전부터 사용하던 재료였어요. 콜로세움에는 로마에서 고유하게 개량한 콘크리트를 썼는데, 화산재와 석회석을 섞고 물을 부어 만들었어요.

> **아치와 볼트**
>
> **아치** 둥그런 구조를 말해요. 직선으로 할 때보다 힘을 잘 분산해서 무거운 무게도 잘 견뎌요. 아치로 쌓을 때는 재료를 접착제로 붙이지 않아도 스스로 잘 버텨요. 아치를 떠받치는 기둥만 잘 만들면 크고 높게 건물을 지을 수 있어요.
>
> **볼트** 아치가 2차원이라면 볼트는 3차원이에요. 넓은 면적을 곡면으로 처리해 힘을 분산시켜요. 아치가 다리나 수로에 쓰였다면, 볼트는 면적이 넓고 부피가 큰 건물에 주로 사용했어요. 볼트는 압력을 견디는 힘은 커지면서 재료는 적게 드는 장점이 있어요.

화합으로 이끄는 친근한 외계인

# 쿤스트하우스 그라츠

**Kunsthaus Graz**

오스트리아

2003년 완공　**설계** | 피터 쿡, 콜린 푸르니에

### 전시회와 이벤트를 주로 여는 문화 공간이에요

만화나 영화에는 종종 거인이나 몸집이 커진 동물 또는 괴물이 사람들이 사는 동네에 쳐들어오는 장면이 나와요. 커다란 발로 사람을 밟고 집을 부수며 지나가는 장면을 보면 가슴이 조마조마해요. 다행히 현실에서는 인간이 사는 곳을 위협할 그런 거대한 생명체는 없어요. 만약 현실에서 그런 일이 일어나면 어떻게 될까요? 상상을 현실로 보여주는 곳이 있어요. 오스트리아 그라츠에 있는 쿤스트하우스예요.

그라츠시가 유럽 문화도시로 선정된 것을 기념하기 위해 만든 건물이에요. 둥글둥글한 몸체에 오돌토돌 돌기가 돋은 모양새를 보면 해삼을 떠올라요. 정체를 알 수 없는 외계 생명체 같기도 해요. 색깔마저 시퍼레서 어떻게 보면 징그러워요. 건물 옆에 바싹 붙은 모습이 마치 살아 있는 생명체가 기어가다가 잠시 멈춰 쉬고 있는 듯해요. 모양은 이상하지만 지역 사람들은 '친근한 외계인'이라고 불러요.

### 그라츠

쿤스트하우스는 오스트리아 그라츠라는 도시에 있어요. 인구가 25만 명쯤 되는 오스트리아 제2 도시로 가운데 무어강이 흘러요. 남북으로 흐르는 무어강을 경계로 동쪽은 생활 수준이 높지만, 서쪽은 저소득층이 주로 살아서 사회·경제적인 격차가 컸어요. 이를 해소하고자 서쪽에 쿤스트 하우스를 만들었어요. 쿤스트하우스가 도시의 명소가 되면서 서쪽 지역도 발전하기 시작했어요.

## 1300여 개에 이르는 반투명 플렉시 글라스 패널이 달려 있어요

패널 안쪽에는 고리 모양 형광등을 930개 달아 미디어 파사드를 완성했어요. 형광등에 불을 밝혀서 건물 외부에 메시지와 이미지를 띄울 수 있어요. 특이하게도 형광등은 일반 제품이어서, 조명 기술 발달에 상관없이 손쉽게 관리할 수 있어요. 대신 0.05초 만에 밝기가 0에서 100%로 밝아지는 기술을 적용해서 자유롭고 다양하게 빛을 표현해요. 동그란 불빛이 점점이 박힌 모습에서 진짜 생명체 같은 분위기가 나요. 건물을 지을 때부터 살아 있는 생명체처럼 변화하며 메시지를 전하는 미디어 건축물을 목표로 했어요. 외부 조명은 예술적 창작을 위해 사용하고 광고는 허용하지 않는답니다. ('미디어 파사드'는 '알리안츠 아레나' 참고)

## 조명뿐만 아니라 소리로도 소통해요

오전 7시부터 밤 10시까지 매시 정각 10분 전에 5분 동안 초저음 진동음을 흘려보내요. 마치 생명체처럼 소리를 내어 자신을 알린답니다. 위에 달린 빨판처럼 생긴 노즐은 건물 안으로 햇빛이 들어가는 통로예요.

### 플렉시 글라스

플렉시 글라스는 아크릴 유리라고도 하는데 유리 대신 쓰는 플라스틱이에요. 유리보다 투명하고 강하지만 깨졌을 때 잘게 쪼개지지 않아요. 전투기 조종석 투명 덮개, 비행기 창문, 수족관 탱크, 온실 등 유리를 쓸만한 곳곳에 플렉시 글라스를 사용해요. 색을 넣을 수도 있어서 건축물 재료로도 많이 활용해요. 유리보다 투명하지만, 용도에 맞게 반투명이나 불투명하게도 만들 수 있어요. 투명은 모든 빛이 통과하는 상태예요. 대표적인 투명한 물체는 유리예요. 투명한 물체를 통하면 다른 물체를 선명하게 볼 수 있어요. 반투명은 선글라스처럼 빛이 일부만 통과하고, 불투명은 나무처럼 아예 빛이 통과하지 못해요.

투명, 반투명, 불투명(왼쪽부터)

## 버려진 화력 발전소가 미술관으로

# 테이트 모던 미술관
**Tate Modern Museum**

2000년 개관  **설계** | 자크 헤르조그, 피에르 드 뫼롱

영국

### 버려진 화력 발전소에서 미술관으로 변신하며 런던과 현대 미술의 역사가 되었어요

1990년대 테이트 그룹은 현대 미술을 다루는 미술관을 짓기로 해요. 땅값이 비싼 런던에서 미술관 자리를 찾기는 쉽지 않았어요. 1984년 가동을 멈추고 방치되어 있던 화력 발전소에 주목하고 그 자리에 미술관을 세우기로 해요. 설계 공모에는 150여 팀에 이르는 많은 유명한 건축가가 몰렸어요. 스위스 건축가 자크 헤르조그와 피에르 드 뫼롱은 건물을 새로 짓지 않고 있는 화력 발전소를 활용하는 계획을 세워 공모에 뽑혔어요. 1947년 생긴 화력 발전소를 런던의 역사로 보고 그대로 이어 나가기로 한 거예요.

미술관으로는 어울리지 않는 발전소를 예술 공간으로 바꾼 실험적인 시도였답니다. 새로운 시도는 성공해서 테이트 모던 미술관은 한 해 500만 명이 찾는 세계에서 가장 인기 있는 미술관이 되었어요. 테이트 모던 미술관이 성공해서 런던은 미국 뉴욕에 이어 현대 미술의 중심지로 떠올랐어요. 테이트 모던 미술관은 산업 건축물을 미술관으로 바꾼 최초의 시도였어요. 건물을 꼭 부수지 않고서도 훌륭하게 용도를 바꿀 수 있는 사례가 되었어요.

### 99m 높이 굴뚝을 비롯해 건물 대부분을 그대로 개조했어요

반투명 패널을 이용해 꾸민 굴뚝은 밤에 등대처럼 빛을 내요. 발전소 터빈이 있던 자리는 미술관의 입구로 활용해요. 터빈 홀이라고 부르는데 천장을 유리로 바꿔서 자연광이 자연스럽게 실내를 비춰요. 공간이 매우 커서 해마다 대규모 조각 전시나 설치 예술 전시회가 열려요.

### 화력 발전소와 빨간 공중전화의 디자이너는 같은 사람이에요

테이트 모던 미술관의 기반이 된 뱅크사이드 화력 발전소는 제2차 세계대전이 끝난 후 런던 시민에게 전기를 공급할 목적으로 세웠어요. 뱅크사이드 화력 발전소를 설계한 사람은 영국의 명물인 빨간 공중전화를 디자인한 건축가 자일스 길버트 스콧 경이에요. 강 건너에 있던 세인트 폴 대성당과 조화를 이루도록 설계에 초점을 맞췄어요. 벽돌 4000만 개를 이용해 지은 화력 발전소는 대성당과 비교해서 '산업의 대성당'이라고 불렀어요. 1973년과 1978년에 석유 파동을 겪으면서 석유 가격이 폭등했어요. 전 세계에서 석유를 원료로 사용하는 화력 발전소는 큰 위기를 겪었어요. 뱅크사이드 화력 발전소도 예외는 아니었어요. 더군다나 기계마저 낡아서 더는 운영하기 힘들어졌고, 결국 1981년에 문을 닫았답니다.

> **화력 발전소**
>
> 화력은 불이 탈 때에 내는 열의 힘을 말해요. 화력 발전소는 석탄, 석유, 천연가스 따위를 태운 화력을 이용하여 전류를 일으켜 전력을 분배하거나 공급해요. 1970년대 석유 파동을 겪은 이후 핵분열을 이용하는 원자력 발전소가 크게 늘어났어요.
>
> **터빈은 쉽게 얘기하면 바람개비예요**
>
> 발전소에서는 보일러에 물을 끓여서 증기를 만들고, 증기의 힘으로 터빈을 돌려요. 물이 물레방아를 돌리듯 수증기가 터빈을 돌리는 거예요. 터빈이 돌면서 기계적인 에너지를 전기 에너지로 바꿔요. 화력 발전이든 원자력 발전이든 물을 끓일 때 사용하는 연료가 다를 뿐, 수증기로 터빈을 돌리는 원리는 같아요.

### 건물에 스며든 스포츠카 감성

포뮬러 로사

# 페라리 월드

**Ferrari World**

아랍에미리트

2010년 완공 | **설계** | 베노이 설계사무소

### 페라리 자동차 브랜드를 주제로 삼은 놀이동산이에요

오직 페라리만 다뤄서 페라리에 관한 모든 것이 있어요. 페라리 월드는 대부분 건물 안에서 즐기는 세계에서 가장 큰 실내 놀이동산이에요. 놀이기구와 함께 페라리 판매 모델과 F1 경주차도 전시해놓았어요. 페라리 F1 경주차를 본떠 만든 롤러코스터 '포뮬러 로사'는 최고 높이가 62m이고, 4.9초 만에 시속 240km에 이르는 빠른 속도로 달려요. 너무 빨라서 고글을 쓰고 타야 해요.

### 하나에만 집중하는 놀이동산

미국에 있는 '식스 플래그 매직 마운틴'은 롤러코스터 같은 탈 것 위주로 운영해요. 아주 무서운 놀이 기구를 비롯해 다른 놀이공원에서는 보기 힘든 탈것이 많아요.
유니버설 스튜디오는 영화 속 내용과 장면으로 꾸며 놓았어요.

### 지붕 넓이만 축구장 7개에 해당해요

페라리 월드는 독특한 외관이 특징이에요. 불가사리 또는 촉수가 달린 외계 생명체처럼 보이는 빨간 지붕을 덮고 있어요. 지붕 넓이만 축구장 7개에 해당해요. 지붕을 지지하는 기둥을 최소화하고 대부분 안쪽으로 숨겨서 마치 하나의 지붕이 건물을 덮은 듯이 보여요.

이 지붕은 페라리의 아름다운 차체를 본떠 만들었어요. 알루미늄을 사용했는데 페라리 1만 7000여 대를 만들 수 있는 양이에요. 지붕에는 세로 길이가 66m에 이르는 세계에서 가장 큰 페라리 엠블럼을 새겼어요.

#### 알루미늄

알루미늄은 부드러운 은백색 금속이에요. 생산량이 철 다음으로 많아요. 연하고 잘 늘어나는 성질이 있어서 얇게 펴거나 가느다란 선으로 만들기 쉬워요. 자동차를 비롯한 기계 부품, 포장재, 전선, 주방 기구, 가전제품, 음료 캔 등 용도가 매우 다양해요. 녹이 슬지 않아서 창틀이나 지붕 재료 등 건축 자재로도 많이 사용해요.

### 건물과 자동차의 공통점

건물은 가만히 서 있는 구조물이고 자동차는 움직이는 기계예요. 크기도 건물이 훨씬 커요. 그런데 건물과 자동차 사이에는 공통점이 있어요.

둘 다 뼈대와 기초가 중요해요. 건물은 땅을 단단하게 다져야 흔들리지 않아요. 철골이나 콘크리트로 뼈대를 세운 후에 벽이나 장식을 더해요. 자동차는 플랫폼이라고 부르는 기초가 있어요. 뼈대 위에 철로 된 껍데기를 씌워서 차의 모양을 완성한답니다.

건물과 자동차에 쓰는 소재는 겹치는 게 많아요. 철, 알루미늄, 플라스틱, 유리 등 비슷한 소재를 써요. 부식을 막거나 아름답게 꾸미기 위해 페인트를 칠하는 것도 비슷하답니다.

## 스포츠카를 싣고 가는 우주선

# 포르쉐 박물관
Porsche Museum

2008년 완공　**설계** | 델루간 마이슬 건축 사무소

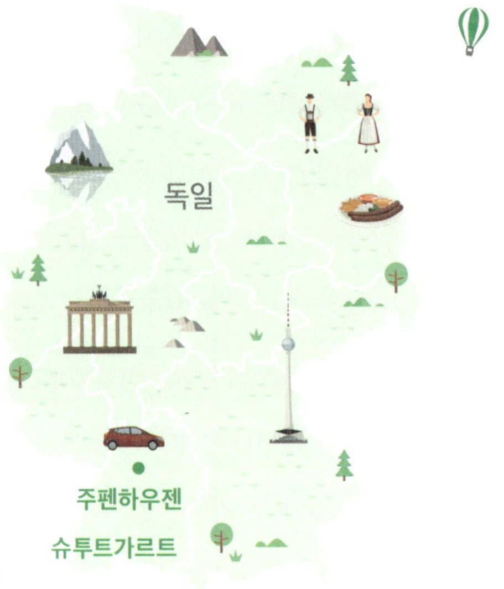

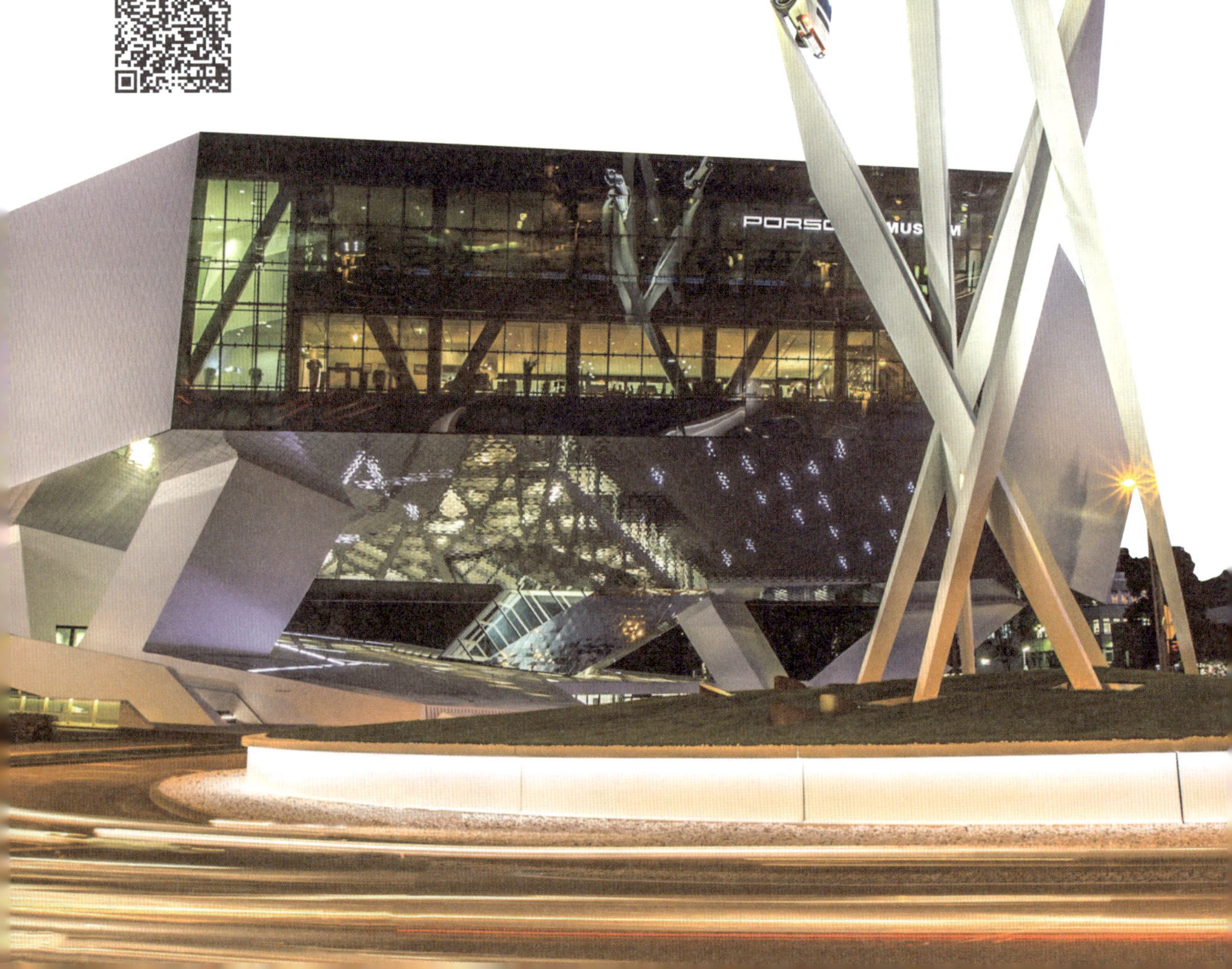

### 한 번에 80여 대의 차를 전시할 수 있어요

자동차 회사는 역사를 중요하게 여겨요. 좋은 회사로 인정받기 위한 조건에는 오랜 역사와 전통이 빠지지 않아요. 역사적인 자동차 모델이 현재 모델에 영감을 주거나, 아예 예전 모습을 살린 채 현대화된 모습으로 나와서 인기를 얻기도 해요. 역사를 지키고 알리기 위해 자동차 회사는 박물관에 공을 들여요. 이름 있는 자동차 회사는 대부분 박물관을 운영해요.

독일 자동차 포르쉐는 스포츠카 전문 브랜드예요. 1948년 설립해 70년 넘게 역사를 이어오고 있어요. 개성이 강한 스포츠카를 만들어 오며 흥미로운 역사를 쌓아 올렸어요. 2008년 문을 연 포르쉐 박물관은 흥미로운 회사 역사의 주역인 포르쉐 모델을 전시해요. 1976년에 문 연 박물관은 규모가 작아서 2008년에 새롭게 지었어요. 전시 공간은 80여 대를 전시할 수 있어서 전체 400여 종이 넘는 차를 주기적으로 순환해서 전시해요.

### 포르쉐 박물관 건물의 특징은 공중에 떠 있는 듯한 구조예요

건물은 V자형 기둥 세 개가 받치고 있어요. 대칭을 이루거나 공통된 부분이 없어서 모양을 명확히 규정하기 힘들어요. 모양과 구조는 자동차 엔진에 공기가 들어오고 나가는 과정을 상징적으로 표현했어요. 날렵한 면과 직선이 불규칙하게 조합을 이뤄서 건물에서 스포츠카처럼 속도감이 느껴지고, 각도에 따라 달라 보여요.

소재는 옆과 위는 알루미늄을 쓰고, 밑면에는 광택이 나는 스테인리스 스틸로 덮었어요. 이 부분에 빛이 반사되면서 예술적인 분위기를 풍겨요. 북쪽 전면에는 높이 23m 유리를 벽 전체에 배치했어요.

### 보는 각도에 따라서 우주선처럼 보이기도 하고 화물선처럼도 보여요

특정 각도에서 보면 마치 우주선이 착륙해서 서 있는 모습 같아요. 우주선 안에 포르쉐 모델을 가득 싣고 우주로 향해 날아갈 준비를 하는 듯해요.

어떤 각도에서는 뱃머리가 뾰족한 배처럼 생겨서 포르쉐 모델을 운반하는 화물선처럼 보이기도 해요.

## 숨겨야 할 것을 밖으로

# 퐁피두 센터
### Pompidou Center

1977년 완공
**설계**
리처드 로저스,
렌조 피아노

프랑스

프랑스

### 파리의 3대 미술관

퐁피두 센터는 안에 있어야 할 것이 밖으로 나왔어요. 배수관, 가스관, 통풍구처럼 건물 안에서도 눈에 보이지 않는 곳에 숨기던 것을 밖에 배치했어요. 이전까지 상식으로 여기던 건물의 겉모습을 완전히 뒤바꿔놓았어요. 건물이 완공된 초기에는 '창자가 튀어나온 건물'이라는 무시무시한 별명이 붙었지만, 인기를 얻고 예술성을 인정받으면서 현대 건축물의 상징으로 자리 잡았어요. 이제는 루브르 박물관, 오르세 미술관과 함께 파리의 3대 미술관으로 꼽힌답니다.

### 바깥에 나와 있는 설비들은 기능과 예술을 결합한 결과예요

설비가 밖으로 나가면서 잘 발달한 복잡한 기계처럼 보이는 효과를 내요. 배관 설비에 알록달록하게 칠해서 예술 작품 같은 독특한 분위기를 풍겨요.

배관에 칠한 색은 기능을 구분하는 역할도 해요. 에스컬레이터와 엘리베이터는 빨간색, 수도는 초록색, 환기 배관은 파란색, 전기 배관은 노란색이에요.

하찮아 보이는 배관에도 예술과 기능을 결합했어요. 건축 설비를 바깥으로 빼내는 이유는 실내 공간을 최대한 넓게 확보하기 위해서예요.

실내 공간은 축구장 두 배 넓이인데 자유로운 공간이에요. 필요에 따라 천장에 달린 철제 구조물을 이용해 자유롭게 표현할 수 있어요.

### 퐁피두 센터의 '퐁피두'는 프랑스 대통령 이름이에요

조르주 퐁피두(1911~1974) 대통령은 1969년 당선된 뒤 파리를 예술 도시로 만들기로 마음먹어요. 이미 파리는 예술 도시로 명성을 얻었지만, 미국의 뉴욕이나 영국의 런던에 밀려 예전만 못한 평가를 받았어요. 퐁피두 대통령은 예술 도시로서 파리의 명성을 되찾고자 했어요.

#### 하이테크 건축 양식
퐁피두 센터 건물 바깥에는 수직으로 촘촘하게 이어진 배관이 보여요. 마치 우주선 발사를 준비하는 발사대처럼 보여요. 금속 뼈대와 유리 등을 이용해 첨단 기술(=하이테크) 분위기를 내는 방식을 하이테크 건축 양식이라고 불러요.

## 못다 한 건축 수업 ③

# 많은 사람이 모이는 세계의 이색 건축물

미술관, 전시장, 공연장, 박물관, 경기장, 공항, 공원 등은 많은 사람이 모이고 오가는 곳이에요. 대체로 규모가 크고 특수한 목적에 맞춰 짓기 때문에 눈에 잘 띄어요. 시선이 집중되는 곳인 만큼 특별하게 지어서 개성을 살려요.

### 로열 온타리오 박물관

1914년에 문을 연 자연사 박물관이에요. 2007년 확장 공사를 하면서 뾰족뾰족한 건물을 추가했어요. 과거와 현대가 만나듯 오랜 건물 옆에 보석처럼 붙은 새로운 건물이 조화를 이뤄요. 기하학적인 건물이 낮에는 빛을 반사하고 밤에는 불빛을 내뿜어 특별한 멋을 드러내요.

### 바이오 스피어

1967년 몬트리올 엑스포 미국 전시관에 세운 건물이에요. 지금은 환경 박물관으로 사용해요. 건축가 버크민스터 풀러는 '우주선 지구'를 형상화했어요. 자세히 보면 삼각형을 이어 붙여서 구를 만들었어요. 지름은 76m이고, 원래 아크릴판을 덮었는데 지금은 틀만 남았어요.

## 리버사이드 박물관

영국에 있는 교통박물관이에요. 우리나라 동대문 디자인 플라자를 설계한 자하 하디드가 건축했어요. 입구는 마치 공장을 간단하게 형상화해놓은 듯해요. 위에서 보면 마치 거대한 파이프 모음이 도시에서 강을 연결하는 통로처럼 보여요. 오래전부터 산업도시로 자리매김해 온 글래스고의 특징을 건축물에 나타냈어요.

## 베이징 국가체육관

2008년에 베이징 올림픽을 개최하기 위해 지은 종합 경기장이에요. 새가 나뭇가지를 얽어서 만든 둥지처럼 생긴 모양이 독특해요. 특이한 생김새 때문에 '새 둥지'를 뜻하는 '냐오차오'라고 부르기도 해요. 7층 높이에 길이가 동서 280m, 남북 333m에 이르는 중국에서 가장 큰 경기장이에요.

## 아트 사이언스 뮤지엄

연꽃 또는 손가락을 살짝 오므린 손처럼 생겼어요. 아트 사이언스 뮤지엄은 마리나 베이 지역에 문화 시설을 만들려는 계획에 따라 세운 건물이에요. 꽃잎처럼 생긴 위쪽과 지면에 묻힌 아래쪽으로 구성되어 있어요. 위에서 보면 접시처럼 생겼는데 가운데는 비가 오면 물이 모여서 박물관 안에 폭포가 되어 떨어져요.

## 바라하스 국제공항

바라하스 국제공항에 가면 천장을 먼저 보라고 해요. 물결 모양 지붕을 나뭇가지처럼 생긴 강철 뼈대가 받치고 있어요. 천장에는 대나무 소재를 사용하고 자연광이 들어오도록 설계해 마치 자연 속에 있는 듯한 따뜻한 느낌이 들어요.

3부 많은 사람을 불러 모으는 공간

교회/성당/신전/궁전/사원/무덤

## 4부
# 신과 왕을 품은 건축물

예로부터 인간은 신을 섬겨왔어요. 나라를 다스리는 왕 또한 숭배의 대상이었어요. 전지전능하다고 여기는 신이나 왕과 관련 있는 건축물은 섬기는 마음을 담아 더 크고 웅장하게 지었어요. 신과 왕을 모시는 건물은 유독 규모가 크거나 화려한 치장이 두드러져요. 신이나 왕의 권위나 섬기는 마음의 정도를 건축물에 표현해서 일반 건축물과는 차원이 다른 모습을 보여줘요.

신이나 왕과 관련 있는 건축물에는 당시 시대의 건축 문화와 기술 수준이 드러나요. 크고 웅장하고 화려하게 지으려면 최고의 기술과 인재를 동원해야 해요. 이집트 피라미드, 인도 타지마할, 티베트 포탈라궁 등을 보면 얼마나 공들여 만들었는지 알 수 있어요. 심지어 어떤 건축물은 요즘에도 만들기 힘들 정도여서 당시에 어떻게 지었는지 아직도 밝혀내지 못했어요.

Hallgrímskirkja

Meteora

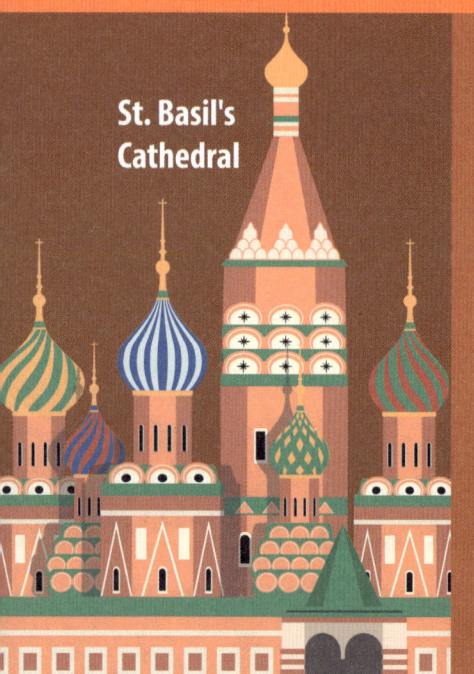
St. Basil's Cathedral

La Sagrada Familia

천연 요새 위에 자리 잡은 수도원

# 메테오라
**Meteora**

### 메테오라

메테오라는 2010년에 <타임>지가 뽑은 세계 10대 불가사의 건축물이에요. 1988년에는 유네스코 세계문화유산에 이름이 올랐어요.

### 메테오라라는 이름은 '공중에 떠 있다'라는 뜻이에요

메테오라 수도원은 사암 봉우리 꼭대기에 자리 잡은 건축물이에요. 수도사들은 그리스 정교회를 인정하지 않는 이슬람 튀르크족의 침략과 종교 박해를 피하려고 이곳에 왔어요. 11세기부터 수도사들이 정착하기 시작했고, 15세기 들어서는 수도원 24개를 세웠어요. 메테오라로 가는 길은 없고 접근하기도 힘들어요. 순례자들이나 생필품은 줄에 연결한 그물로 373m 높이까지 끌어 올렸어요. 이런 곳에 어떻게 건축 자재를 나르고 공사를 했는지 불가사의한 일이에요. 외부로 통하는 계단은 1920년대에야 생겼어요. 수도원은 현재 여섯 개만 남았답니다.

외적의 침입은 꿈도 꿀 수 없는 지형이지만, 이곳도 제1차, 제2차 세계대전은 피하지 못했어요. 그리스군은 메테오라의 지형을 이용해서 산 위에서 독일과 이탈리아군에 맞서 싸웠어요. 대포와 탄약과 보급품을 산 위로 올려서 전쟁을 치렀답니다.

### 테살리아 평원

그리스의 테살리아 평원에는 돌로 된 숲처럼 바위 봉우리들이 여러 개 있어요. 평균 높이는 300m이고, 높은 것은 500m가 넘어요. 사암과 역암이 오랜 세월에 걸쳐 단층과 침식 작용을 받아 생긴 거예요. 워낙 외지고 높은 곳이어서 '하늘의 기둥'이라고 불리는 지역이에요.

### 사암

모래가 쌓이고 굳으면서 만들어진 암석이에요. 사암을 구성하는 광물은 석영, 장석, 암편 등이고, 알갱이 크기는 1/16mm~2mm 정도예요. 사암은 물질이 쌓이고 굳어서 만들어진 퇴적암의 한 종류이고, 전체 퇴적암의 25%를 차지한답니다. ('사암'은 '앙코르 와트' 참고)

### 단층

지구 표면은 흙, 모래, 돌과 같은 퇴적물이 층층이 쌓여 굳어진 지층으로 되어 있어요. 지구 내부에서 압력이 작용하거나 지진 또는 화산 활동이 일어나면 지층의 모양이 변해요. 지층이 휘어지면 습곡, 끊어지면 단층이라고 불러요.

### 침식 작용

지구 표면은 시간이 흐르면 모양이 달라져요. 물, 바람, 파도의 영향을 받아 지구 표면을 이루는 바위, 돌, 흙 등이 깎이는 현상을 침식 작용이라고 해요.

그리스

## 콘크리트로 만든 가시 면류관
# 브라질리아 대성당
### Cathedral of Brasília

1970년 완공    **설계** | 오스카르 니에메예르

### 건축가들은 자유롭게 설계할 수 있는 교회나 성당 프로젝트를 선호해요

일반 건물은 대체로 비슷하게 생겼어요. 공간을 효율적으로 이용하기 위해서 사각형 형태로 지어요. 교회나 성당은 형태가 다양해요. 용도가 정해져 있어서 여러 가지 쓰임새를 고민하지 않아도 돼요. 넓은 땅에 지을 때는 더 자유롭게 설계할 수 있어요. 종교적 상징을 건물에 표현하기도 수월해요. 이런 배경 덕분에 교회나 성당은 유독 아름답고 멋진 건물이 많아요.

### 예수의 가시면류관에서 솟아오른 십자가 모양을 나타냈어요

높은 건물과 뾰족한 탑, 실내를 빛으로 채우는 스테인드글라스를 이용한 넓은 창이 특징인 고딕 양식은 화려하고 웅장한 성당이나 교회를 짓는 데 알맞아요. 그리스도교의 권위를 상징하고 사람들에게 종교를 알리는 효과가 커서 성당과 교회에 고딕 양식을 주로 사용했어요. 16세기까지 이어진

### 브라질리아 파일럿 플랜

브라질리아는 20세기에 만들어진 계획도시예요. 1956년부터 시작해서 1960년 완공한 후 브라질의 수도가 되었어요. 1960년도까지 수도였던 리우데자네이루에서 900km 떨어진 해발 고도 1100m 고원에 있답니다. 브라질은 도시가 해안가 위주로 발달해서 낙후된 내륙을 개발하고자 수도를 옮겼어요. 도시 계획의 이름은 '브라질리아 파일럿 플랜'이에요. 파일럿(pilot)은 시험적으로 하는 일, 플랜(plan)은 계획을 뜻해요. 브라질리아 파일럿 플랜은 브라질리아라는 계획도시를 새롭게 시도하는 시험 계획을 나타내요. 파일럿에는 비행기 조종사라는 뜻도 있어서, 비행기 모양의 도시를 만드는 계획이라고 볼 수도 있어요.

도시는 비행기 모양으로 만들었어요. 몸체에는 넓은 도로가 지나고 날개 부분에 주택과 상가가 있어요. 비행기 기수 부분은 정부 기관이 자리 잡았어요. 오스카르 니미예르는 성당을 비롯해 여러 건물을 지어 도시를 채웠어요. 브라질리아는 역사는 없지만 계획에 따라 만든 도시 구조와 다양한 건물 형태의 가치를 인정받아 1987년 유네스코 세계문화유산에 이름을 올렸어요.

고딕 양식은 18세기에 다시 유행하면서 20세기까지 이어졌어요.

20세기 들어서도 교회는 고딕 양식의 영향에서 벗어나지 못했어요. 브라질리아 성당을 설계한 오스카르 니에메예르는 고딕이 아닌 방식으로 교회를 건축하려고 시도했어요. 곡선 기둥 16개가 중심을 향해 모여 있는 구조는 면류관이나 왕관, 하늘을 향하는 손처럼 생겼어요. 기둥 위쪽은 십자가를 받치고 있는데, 니에메예르는 예수의 가시면류관에서 솟아오른 십자가를 형상화했어요. 바닥 지름은 60m, 높이는 36m이고 기둥 사이를 유리로 채웠어요. 4000명을 수용할 정도로 내부는 넓어요.

예배자는 지하에 있는 좁고 어둡고 낮은 통로를 지나서 밝은 예배당으로 들어가요. 어둠에서 빛으로 나가고 예배자가 신앙적으로 다시 태어난다는 의미를 담았어요. 오스카르 니에메예르는 곡선을 즐겨 사용하고 콘크리트를 자유자재로 다루는 데 능숙했어요. 브라질리아 대성당에도 니에메예르의 성향이 그대로 드러나요.

### 로마네스크 양식과 고딕 양식

로마네스크는 6~11세기에 유행한 유럽의 건축 양식이에요. 로마네스크 양식이 발전하면서 고딕 양식이 생겨났어요. 12세기 중반 프랑스에서 시작해 15세기 중반까지 전 유럽으로 퍼졌어요. 창문이 작고 둥근 아치가 특징인 로마네스크와 달리 고딕 양식은 스테인드글라스가 달린 넓은 창문, 높은 건물과 뾰족한 첨탑이 특징이에요.

고딕 양식으로 지어진 스페인의 부르고스 성당

## 100년 넘게 공사 중

# 사그라다 파밀리아 대성당

스페인

**La Sagrada Familia**

1882년 착공, 2026년 완공 예정
설계 | 건축가 안토니오 가우디

스페인

**바르셀로나**
사그라다 파밀리아는 가우디의 최고 대표작이자 '신이 머물 지상의 유일한 공간'이라고 평가받아요. 가우디의 작품 70% 이상이 바르셀로나에 몰려 있어요. 바르셀로나를 '가우디 미술관'이라고 부르기도 한답니다.

### 2022년 기준 140년 동안 공사 중이에요

19세기에 짓기 시작한 건물이 21세기인 지금도 공사 중이라면 믿을 수 있을까요? 스페인 바르셀로나에 짓고 있는 사그라다 파밀리아는 1882년 착공해서 2022년 기준 140년 동안 공사 중이에요. 건물을 설계한 안토니오 가우디 사후 100주년인 2026년에 완공할 예정이에요. 공사비를 대부분 입장권 판매와 기부금으로 채우느라 공사가 오래 걸렸어요.

### 고딕 양식과 아르누보 양식이 조화를 이뤄요

사그라다 파밀라아는 처음부터 규모가 큰 성당은 아니었어요. 1882년 조제프 마리아 보카베야라는 출판사 주인이 가우디의 스승인 건축가 프란시스코 데 파울라 델 빌라에게 작은 성당 건축을 의뢰했어요. 여러 가지 문제가 생겨서 빌라는 그만두고 이듬해 건축을 가우디에게 넘겼어요. 가우디는 계획을 바꿔서 규모를 키우고 고딕 양식('고딕 양식'은 '브라질리아 대성당' 참고)과 아르누보 양식을 조합해 새롭게 건축을 시작했어요.

### 파사드 세 개로 이뤄졌어요

그리스도의 탄생을 나타내는 환희의 파사드, 그리스도의 수난을 의미하는 고통의 파사드, 그리고 그리스도의 영광을 뜻하는 영광의 파사드예요. 파사드 하나마다 옥수수 모양 종탑을 세웠어요. 열두 개 종탑은 열두 사도를 나타내요. 그리스도를 상징하는 첨탑이 완성되면 높이는 172m여서 세계에서 가장 높은 성당이 될 예정이에요. 바르셀로나에서 가장 높은 지점인 몬주익 언덕의 173m를 넘지 않는데, 신이 만든 자연을 넘을 수 없다는 가우디의 신념을 반영한 결과예요. 내부 기둥과 천장은 삼나무와 야자수 등 일곱 종류 나무를 형상화해서 숲과 같은 분위기를 내요. 가우디는 자연의 곡선을 선호해 직선을 거의 사용하지 않았어요. ('안토니오 가우디'는 '구엘 공원' 참고)

**일곱 개의 유네스코 세계문화유산을 남긴 안토니오 가우디**

건축을 예술의 경지로 끌어올린 건축계의 거장이고, '천재 건축가'로 인정받아요. 가우디는 17세부터 건축을 공부했어요. 워낙 독창적인 자기만의 세계가 확고해서, 바르셀로나 건축 학교를 졸업할 때 교장이었던 엘리아스 로젠은 "졸업장을 천재에게 주는 것인지, 바보에게 주는 것인지 모르겠습니다"라는 말을 했어요.
'모든 것은 자연이라는 위대한 책에서 나온다'라는 가우디의 말에서 알 수 있듯이, 자연에서 영감을 얻은 요소를 적극 활용했어요. 가우디는 환상을 현실로 옮긴 듯한 많은 건축물을 남겼고, 그중에 일곱 개가 유네스코 세계문화유산에 올랐어요. 사그라다 파밀리아, 구엘 공원, 카사 밀라, 카사 바트요, 카사 비센스, 콜로니아 구엘 성당, 구엘 궁전이에요. 사그라다 파밀리아 성당 작업이 한창이던 1926년, 가우디는 기도하러 성당에 가던 중 전차에 치여 세상을 떠났어요.

**파사드**

파사드(facade)는 프랑스어로 건물의 정면 또는 얼굴을 가리켜요. 건물에서 가장 중요하거나 인상적인 면을 나타내요. 보통 출입구가 있는 정면이 파사드지만, 형태가 다양한 건물이 늘어나면서 정면이 아닌 곳이 파사드가 되기도 해요.

**아르누보 양식**

아르누보는 '새로운 예술'을 뜻하는 말로 19세기 말 영국에서 시작된 미술 운동이에요. 당시에는 세기가 끝나가는 시기여서 새로운 양식을 찾는 여러 가지 시도가 일어났어요. 산업화가 이뤄지면서 제조 방법이 발전하고 소재가 다양해지면서 예술을 표현하는 방법에도 변화가 생겨났어요. 아르누보는 자연 형태에서 영감을 얻어서 새로운 표현을 하는 양식이에요. 건축과 미술에서 시작한 아르누보는 회화, 조각, 일상 물품 등 다양한 분야로 퍼졌어요. 건축에서는 덩굴이나 꽃에서 따온 곡선을 장식적으로 꾸민 모양이 특징이에요.

## 동화 속에 나올 법한 그림 같은 성당
# 성 바실리 대성당
### St. Basil's Cathedral

1560년 완공
**설계** | 바르마, 포스트닉 야코블레프

### 색이 아주 화려해서 동화 속에 나오는 집처럼 보여요

러시아 양식과 비잔틴 양식이 결합한 성 바실리 성당의 독특한 모습은 세계 어느 곳에서도 찾아볼 수 없어요. 가운데 첨탑 높이는 47m이고, 옆으로 작은 탑 여덟 개가 둘러싸요. 탑 위에는 돔이 있는데, 양파나 터번처럼 독특하게 생기고 색상도 화려해요. 돔은 쇠로 틀을 만들고 함석을 가공해서 덮은 뒤에 색을 칠해서 완성했어요.

돔과 탑은 처음부터 화려하지는 않고 17세기 초부터 칠하기 시작해 오랜 세월에 걸쳐 완성했어요. 함석은 금방 녹이 슬어서 10년에 한 번씩 보수했어요. 1969년 구리로 바꾼 후에는 손볼 일이 없어졌답니다. 러시아 제국이 무너지고 종교를 인정하지 않는 소련이 들어서면서 1928년에 대성당은 역사박물관으로 바뀌었어요.

### 1560년에 지어진 러시아 정교회 성당이에요

모스크바 공국이 몽골의 영향력에서 완전히 벗어난 것을 기념해 대공 이반 4세의 명령에 따라 지었어요.

성 바실리는 존경받는 수도사였어요. 이반 4세를 비판하고 다녔지만, 이반 4세도 그를 존경해서 성당 옆에 모셨어요. 원래 있던 예배당과 달리 성 바실리 성당에서만 매일 강론이 열려서, 성당의 원래 이름인 '성모전구대성당' 대신 성 바실리 성당이라는 이름이 더 익숙해졌어요. 탑 밑에는 예배당이 하나씩 있어요. 1588년에는 성 바실리가 묻혀 있던 곳에 작은 성당을 하나 증축해서 예배당이 모두 10개가 되었어요.

#### 러시아 양식

러시아는 땅이 넓어서 시베리아에서 유럽에 걸쳐 있어요. 건축 문화는 유럽의 영향을 받으면서 러시아 고유의 양식으로 발전시켰어요. 러시아 정교회 양식도 그중 하나예요. 러시아 정교회는 기독교의 한 종류이고, 러시아인의 4분의 3 이상이 믿고 있어요. 러시아 정교회 양식은 비잔틴 양식에서 조금 바뀐 형태인데, 중앙의 돔을 작은 돔이 둘러싼 형태가 특징이에요. 돔은 14세기경에는 양파 모양으로 발전해서 러시아의 고유한 특성이 더 강해졌어요. 러시아 정교회 양식을 잘 보여주는 건축물로는 성 소피아 대성당, 성 바실리 대성당이 있어요.

#### 비잔틴 양식

로마 제국은 서기 395년에 동서로 분리되었는데, 동쪽을 비잔틴 제국이라 불렀어요. 비잔틴 양식은 비잔틴 제국의 건축 양식인데, 로마 건축에 동양의 건축 요소를 혼합한 구조가 특징이고 주로 궁전이나 교회에 사용했어요. 튀르키예의 이스탄불에 있는 하기아 소피아 그랜드 모스크, 이탈리아의 산마르코 대성당이 대표적인 비잔틴 양식 건축물이에요. 서양의 늘어선 기둥과 동양의 돔을 합친 구조를 볼 수 있어요.

#### 구리에 녹이 슬어도 괜찮은 이유

녹은 주로 철에서 볼 수 있어요. 공기 중의 산소가 철에 달라붙으면 붉은색 녹이 생겨요. 철을 구성하는 원자는 단단하게 결합하고 있는데, 산소가 붙으면 결합이 느슨해지면서 녹이 생기고 쉽게 부스러지는 상태로 변해요. 녹이 꼭 금속을 부스러트리는 나쁜 결과로 이어지지는 않아요. 알루미늄이나 구리는 오히려 녹이 외부의 물질을 차단하는 보호막 역할을 해요. 표면만 녹슬 뿐 안쪽에는 더는 녹이 번지지 않아서 금속의 원래 상태를 유지해요.

3만 3000개 신들의 집합

# 미낙시 암만 사원
Meenakshi Amman Temple

15세기

고푸람

인도

마두라이

### 세계의 순례지

종교를 믿는 사람들은 신과 관련된 유적을 방문해서 신심을 키워요. 이스라엘, 티벳, 사우디아라비아 등 여러 나라가 성지 순례지로 유명해요. 힌두교는 인도 신화를 기반으로 하는 종교예요. 인도 곳곳에는 힌두교 순례지가 있어요.

### 이름 그대로 여신 미낙시와 순다래슈와라(시바 신)를 모시는 사원이에요

17세기에 나야크 왕이 시바 신의 부인인 미낙시 여신과 시바 신에게 봉헌하기 위해 지었어요. 그 전에 2500여 년 전 판디아 왕국 때부터 터를 잡았다고 해요. 사원은 확장을 거듭해 가로세로 길이가 238m와 260m로 커졌어요. 인도식 탑으로 만든 입구인 고푸람으로 유명해요. 이곳 사원에는 고푸람이 큰 것 네 개를 포함해서 모두 12개 있어요. 가장 큰 고푸람은 높이가 52m예요.

고푸람에는 신과 악마, 동물, 힌두 신화에 나오는 인물을 조각으로 새겼는데, 3만 3000여 개나 돼요. 맨 위에는 아치 모양 시키라(꼭대기)를 얹었어요. 건축 양식은 드라비다 힌두 양식이에요. 색채가 매우 화려한데 20년마다 다시 칠해요. 안쪽에는 조각, 그림, 문양으로 채웠는데 신과 인간의 사랑을 다뤄요. '북인도에 타지마할, 남인도에는 미낙시 순다래슈와라'라는 말이 있을 정도로 인도에서 성지로 유명한 곳이에요.

### 미낙시와 순다래슈와라 전설

시바 신

파르바티는 여신인데 시바 신의 아내이고 히말라야의 딸이라고 불려요. 파르바티는 미낙시의 모습으로 인간 세상에 내려와요. 미낙시는 물고기의 눈을 하고 가슴이 세 개였어요. 태어났을 때 하늘에서 소리가 들렸는데, 남편 될 사람을 만나면 가슴 하나가 사라진다는 내용이었어요. 미낙시는 히말라에 원정하러 가서 시바 신을 만나요. 그때 가슴이 하나가 사라지면서 정상으로 돌아왔어요. 미낙시가 청혼했지만 시바 신은 수행을 끝낸 후 가겠다고 해요. 8년이 지난 후 시바 신은 순다래슈와라의 모습으로 미낙시를 만나 결혼해요.

■ 절벽 위에 매달린 절

# 쉬안쿵 사원

懸空寺(현공사)

491년 완공

### 건물은 기초가 튼튼한 곳에 지어야 해요

땅이 무른 곳에 지으면 건물이 기울거나 가라앉아요. 심할 때는 건물이 무너지기도 해요. 건물의 기초가 얼마나 중요한지, 사자성어에는 사상누각沙上樓閣이라는 말이 있을 정도예요. 모래 위에 지은 집처럼 부실하다는 뜻이에요. 건물을 지을 때는 지반이 단단한 곳을 찾거나 단단하게 다진 후에 시작해요.

### 쉬안쿵 사원은 절벽 위에 지은 절이에요

쉬안쿵 사원은 랴오란이라는 스님이 불교를 부흥시킬 목적으로 만들었다고 해요. 수직에 가까운 절벽이어서 건물의 기반이 되는 바닥이 거의 없어요. 쉬안쿵 사원은 나무 기둥으로 지탱해요. 겉모습만 보고 불안해서 사원에 들어가길 꺼리는 사람도 많다고 해요. 위태로워 보이지만 꽤 튼튼해서 완성된 후 1500년 이상 지난 지금까지도 아무런 이상이 없었어요.

### 절벽에 지어졌지만 1500년 이상 지난 지금까지도 안전한 이유

실제로는 절벽에 걸친 부분이 더 많아요. 절벽 바위에 구멍을 뚫고 그 사이에 나무를 꽂아 건물의 나머지 부분 바닥을 받쳐요. 놀랍게도 일부 기둥은 무게를 받치는 역할이 아니라 균형을 잡는 데 쓰여요. 전체 무게와 균형을 정교하게 계산해서 만든 거예요. 바닥을 받치는 나무가 전부가 아니에요.

가로 방향으로 절벽 바위 속에 박아 넣은 철삼 나무 들보가 있어요. 철편담이라는 사각 목재인데 오동나무 기름에 담가서 썩지도 않고 벌레에도 강해요. 절벽이 비바람을 막아서 더 굳건하게 서 있는답니다.

### 절벽 중턱에 지은 두암초당과 사성암

절벽 위에 지은 집은 많지만 중턱에 지은 집은 보기 쉽지 않아요. 그만큼 절벽은 건물을 짓기 힘든 환경이에요. 국내에도 절벽 중턱에 지은 집이 있어요. 전라북도 고창군에 있는 두암초당은 절벽에 있는 정자예요. 건물이 절반 정도 절벽에 들어가 있는 구조예요. 조선 시대 호암 변성온, 인천 변성진 형제가 노년을 보낸 곳이라고 해요.

전라남도 구례 사성암에는 20m 암벽에 지은 약사전인 유리광전이 있어요. 약사전은 중생의 질병을 고쳐주는 부처인 약사여래를 모시는 곳이에요. 원효대사가 손톱으로 그렸다는 마애약사여래불을 모시기 위해 지은 건물이에요. 절벽에 기댄 건물을 큰 기둥이 받치고 있어요.

### 절벽에 자리 잡았지만 여러 시설을 갖췄고 장점도 있어요

지면에서 60m 정도 높이 절벽에 지어서 규모가 작지만 절에 있어야 할 시설은 다 있어요. 작은 공간에 방은 40개나 있고 산문, 종고루, 대전, 배전 등을 정교하게 배치한 기술을 높이 평가해요.

높은 곳이어서 접근하기는 힘들지만 소음이 올라오지 않아 명상하기에 좋고, 홍수가 나서 강이 넘쳐도 피해를 당하지 않아요. 절벽에 가려서 눈과 비가 적게 들이치고 여름에는 시원해요.

사성암

▌ 현재 기술로도 설명할 수 없는 거대한 돌 왕국

# 앙코르 와트

**Angkor Wat**

캄보디아

12세기 후반

### 어떤 기술로 지어졌는지 아직도 밝혀내지 못했어요

기술 발전은 순서대로 이뤄져요. 간단한 것에서 시작해 복잡하고 기능이 많아져요. 예전에는 고층 건물은 꿈도 꾸지 못했는데 이제는 수백 미터 높이까지 건물이 올라가요. 커다란 건물도 자유롭게 지을 수 있어요. 그런데 현대 기술로는 설명할 수 없을 정도로 규모가 크고 정교한 건물이 옛날에도 있었어요. 이집트 피라미드나 페루의 마추픽추 등 당시에 어떤 기술로 지었는지 알 수 없어요. 캄보디아에 있는 앙코르 와트도 마찬가지예요. 당시 기술이 지금까지 전해졌다면 인류의 건축 기술은 더 빠르게 발전했을 거예요.

시엠레아프주

캄보디아

## 앙코르 유적은 전체 넓이가 400km² 정도이고 100개 넘는 사원이 있어요

대표적인 유적은 앙코르 와트, 바이욘 사원이 있는 앙코르톰, 타프롬, 반타이아이 스레이 사원이에요. 앙코르 와트는 크메르를 건국한 수리야바르만 2세가 힌두교 비슈누 신에게 바치려고 지었어요. 앙코르 와트는 무게가 7t 나가는 기둥 1800개가 지탱하고, 사용한 벽돌만 500만~1000만 개예요. 돌로 만든 방이 260여 개나 돼요. 12세기에 37년 만에 만들었어요. 접착제를 사용하지 않고 돌에 홈을 파서 결합했고, 아치를 이용해 돌을 쌓았어요. 지금까지도 돌 사이에 물이 새지 않을 정도로 정교한 기술을 보여줘요.

**1866년에 세상에 알려졌어요**

밀림 속에 묻혀 있는 앙코르 와트를 발견한 최초의 사람은 프랑스인 뷰오 신부예요. 1850년도였어요. 베르사유 궁전보다 큰 사원이 밀림 속에 있다고 프랑스에 알렸지만 아무도 믿지 않았어요. 1860년 프랑스 식물학자 앙리 무오가 밀림을 탐험하다 우연히 발견하면서, 신부의 말이 사실로 드러났어요. 그때도 사람들은 앙리의 말을 믿지 않았어요. 앙리의 글을 보고 탐험하여, 이를 증명한 해군 장교 루이 들라포르트 덕에 세상에 드러났어요.

## 앙코르 와트를 둘러싸고 있는 너비 200m인 인공호수의 역할

앙코르 와트의 크기는 남북 길이 1.3km, 동서 길이 1.5km이고 좌우대칭이 딱 맞아떨어져요. 전체가 3층 구조이고 높이 65m인 중앙탑을 중심으로 다섯 개의 탑이 서 있어요. 사원 주변의 호수는 신과 인간의 세계를 구분하는 경계 역할을 해요. 캄보디아는 우기와 건기가 뚜렷해서 건물에 좋지 않은 영향을 미쳐요. 호수는 수분을 일정하게 조절해서 균열을 방지하는 역할을 해요.

## 앙코르 와트를 만드는 데 사용한 재료는 대부분 사암과 라테라이트예요

앙코르 와트 주변이 밀림과 평지여서 돌을 어디서 가져왔는지 수수께끼로 남아 있어요. 시엠레아프에서 30km 떨어진 쿨렌산에서 돌을 캐서 코끼리와 뗏목으로 운반했다고 추정해요. 최근에 운하 흔적이 발견됐는데 운반하는 거리를 줄이기 위해서였다고 해요.

**사암**

모래가 굳어진 돌로 붉은색, 회색, 초록색 등 여러 가지 색을 띠어요. 사암은 조각하기 쉬워서 무늬를 정교하게 새길 수 있어요. 앙코르 와트에는 주로 정교한 조각을 새긴 문틀 등에 사용했어요. (사암은 '메테오라' 참고)

**라테라이트**

철분이 많은 진흙이에요. 햇빛에 말리면 돌처럼 단단하게 굳어요. 붉은 황톳빛 석재로 홍토 또는 홍토석이라고 불러요. 앙코르 와트에는 바닥이나 벽 안쪽 등 보이지 않는 공간을 채우는 데 주로 썼어요.

# 궁전처럼 지은 무덤

## 타지마할

**Taj Mahal**  17세기 중반

### 타지마할의 특징

타지마할의 탑의 가장 높은 부분은 65m이고, 동서남북 귀퉁이에 서 있는 첨탑 미나레트의 높이는 50m예요. 미나레트는 아래에서 위로 올라갈수록 넓이가 조금씩 넓어져요. 원근법에 따라 위로 올라가면 작아 보이기 때문에 위아래가 같아 보이라고 위를 조금 넓힌 거예요. 미나레트는 묘당 바깥쪽으로 5도 기울어져 있어요. 반듯하게 보이기 위한 목적과 지진이 일어났을 때 묘당에 피해가 가지 않도록 바깥쪽으로 쓰러지게 한 목적이라는 의견이 나뉘어요.

재료는 대리석을 써서 전체가 하얗게 보여요. 대리석에 붉은 사암을 상감 기법으로 꾸며 기하학무늬를 냈어요. 대리석 곳곳에는 벌집 모양이나 기하학무늬를 뚫어서 건물 안으로 빛이 들어가게 했어요.

타지마할은 동서남북 어디에서 봐도 대칭을 이루고 있어요. 정원 바지차는 기하학을 적용해서 조성했어요. 커다란 정사각형 모양 바지차는 수로와 길을 따라 다시 네 부분으로 나뉘어요. 정원 중앙에 수로와 길이 교차하는 부분에는 연못이 있어요. 정원의 각 공간은 다시 네 부분으로 갈라져요. 정원 안에 정사각형이 16개 들어 있는 구조랍니다.

타지마할은 거대한 돔이에요. 반구형이 아니라 가운데가 볼록하고 위로 올라갈수록 유선형을 휘는 형태에요. 마치 양파처럼 보여요.

### 죽은 자를 위한 건물이 건축을 발전시키는 역할을 했어요

사람은 빈손으로 왔다가 빈손으로 돌아간다고 해요. 살면서 부귀영화를 누려도 세상을 떠날 때는 가지고 갈 수 없다는 뜻이에요. 그런데 세상을 떠난 후 더 대접받는 일은 종종 생긴답니다. 왕족이 죽으면 무덤을 아주 화려하게 만들어서 모셔요. 죽은 사람의 영혼이 머물거나 다시 살아온다는 믿음을 가지고 좋게 꾸며놓는 거예요. 고대 건축물을 보면 화려한 무덤을 어렵지 않게 찾을 수 있어요.

### 타지마할은 궁궐처럼 보이지만 실제로는 묘당이에요

건물로 지어놓은 무덤이라고 보면 돼요. 무굴 제국의 황제 샤 자한이 아내 뭄타즈 마할을 추모하기 위해 지었어요. 샤 자한은 이슬람 코란에 나오는 천국의 모습을 지상에 만들려고 했어요. 무굴제국은 오늘날 인도, 파키스탄, 아프가니스탄 지역을 지배한 이슬람 왕조예요. 국교는 이슬람이지만, 인도 지역의 힌두 문화와 융합한 인도 이슬람 문화가 생겼어요. 이런 무굴 제국의 특성이 반영된 타지마할은 인도의 힌두 요소와 이란/중앙아시아의 건축 요소를 합한 인도 이슬람 건물의 대표 건물로 꼽혀요.

**유선형**
물이나 공기의 저항을 최소한으로 줄인 형태를 말해요. 떨어지는 물방울처럼 주로 앞부분은 둥글고 뒤쪽으로 갈수록 뾰족한 형태로 나타나요. 건축물에도 유선형을 적용하는데, 둥근 모서리와 매끈한 표면이 특징이에요. 돔도 유선형의 한 종류예요. 바람의 저항을 줄이는 장점이 있어요.

**상감 기법**
문화재 중에 상감 청자라고 들어봤을 거예요. 표면을 살짝 파내고 다른 물질을 넣어서 무늬를 표현한 도자기를 말해요. 이처럼 상감은 어떤 물질의 오목한 곳에 다른 재료를 넣어서 장식을 표현하는 방식이에요. 건물의 무늬를 장식할 때도 상감 기법을 써요. 타지마할에는 하얀 대리석에 붉은색 사암을 상감 기법으로 장식했어요.

### 다른 세상을 사는 또 다른 집

# 기자 대피라미드

**The Great Pyramid of Giza**

기원전 2560년경

### 죽은 자가 돌아와 영원히 살아가는 곳으로 만들어졌어요

이집트 사람들은 사람이 죽으면 사후 세계(죽은 후의 세계)를 여행한다고 믿었어요. 여행이 끝나면 죽었던 몸으로 다시 돌아와 죽지 않고 산다고 생각했어요. 그래서 시체를 고이 모시는 미라로 만들고 죽은 사람이 다시 살아나 생활하는 피라미드를 만들었어요. 이집트 왕은 파라오라고 불렀는데, 파라오 자리에 오르면 바로 피라미드를 만들기 시작했어요. 피라미드 안은 죽은 자가 돌아와 영원히 살아가는 곳이어서, 파라오가 살아 있을 때 쓰던 옷이나 가구 등을 갖다 놓고, 자기 모습을 알아보도록 그림도 그려놓았어요.

**이집트에는 피라미드가 70여 개 정도 남아 있어요**

가장 먼저 세워졌다는 조세르왕(기원전 2665년~기원전 2645년)의 피라미드는 계단식 모양이에요. 카이로 외곽 기자 지역에 있는 쿠푸왕의 대피라미드가 유명해요. 높이는 147m 정도인데, 1889년 프랑스 파리에 에펠탑이 생기기 전까지 지구상에서 가장 높은 구조물이었어요.

### 피라미드를 어떻게 지었는지는 아직도 정확히 알지 못해요

대피라미드는 한 변이 230m인 사각형 땅에 147m 높이로 230만 개 돌을 쌓아 올려 만들었어요. 돌 하나의 무게만 평균 2.5t이나 돼요. 피라미드 전체 무게는 700만t에 이른답니다. 맨 아래 벽돌의 높이는 1.5m이고, 꼭대기 벽돌의 높이는 53cm예요. 오랜 옛날에 어떻게 그렇게 큰 구조물을 만들었는지 신기할 뿐이에요. 기계도 없이 인간의 노동력만으로 지었다고 해요. 돌을 캐내서 강으로 운반하고 도로를 만들어 끌고 왔다고 추정해요.

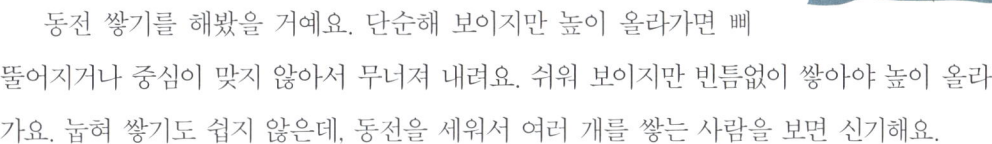

### 피라미드는 사각뿔 형태의 건물이에요

동전 쌓기를 해봤을 거예요. 단순해 보이지만 높이 올라가면 삐뚤어지거나 중심이 맞지 않아서 무너져 내려요. 쉬워 보이지만 빈틈없이 쌓아야 높이 올라가요. 눕혀 쌓기도 쉽지 않은데, 동전을 세워서 여러 개를 쌓는 사람을 보면 신기해요.

피라미드는 사각뿔 형태 건물이에요. 모양은 간단해 보이지만 방향과 수평과 높이를 맞춰서 쌓기는 쉽지 않아요. 고대 시대에 그런 건축물을 지었다는 사실이 놀라울 뿐이에요. 사각뿔은 사각형 하나와 삼각형 네 개로 이뤄졌어요. 삼각형의 각도는 51도 52분이에요. 사각형과 달리 삼각형 모양으로 물건을 쌓기는 쉽지 않아요. 쌓아 올라가다가 어느 순간 무너지거나 흘러내려요. 각도를 잘 맞춰야 하는데 흘러내리기 시작하는 각도가 51도 52분이에요. 당시에 이런 각도를 계산해낸 사실이 놀라워요. 기울지 않게 쌓으려면 바닥이 평평해야 해요. 바닥은 한 변이 230m인 사각형인데, 남동쪽 모퉁이와 북서쪽 모퉁이의 오차가 20cm에 불과해요. 수로를 파서 물을 부어 수평을 맞췄다고 전해져요.

**왕의 무덤도 짓고,
백성의 생계도 책임졌던 피라미드 건설**

나일강은 정기적으로 1년에 3~4개월 동안 물이 넘쳤어요. 피라미드를 건설한 목적 중 하나는 이때 굶주린 농부들을 구제하기 위해서예요. 인부를 동원해 피라미드를 짓고 대가로 곡식을 준 거예요. 가족을 먹여 살릴 만큼 부족하지 않게 줬어요. 나일강의 물이 빠지면 인부들은 다시 돌아가 농사를 지었답니다. 파라오는 자신의 무덤도 짓고, 백성의 생계도 책임지는 일거양득 효과를 거뒀어요.

**피라미드=각뿔**

피라미드(pyramid)가 어디서 나온 말인지 여러 가지 설이 전해지는데, 그리스어 '피라미스(pyramis)'에서 유래했다는 내용도 그중 하나예요. 피라미스는 사각뿔이나 사각뿔 모양의 빵을 나타내는 말이에요. 어원에서 피라미드의 모양을 짐작할 수 있어요. 각뿔은 밑면은 다각형이고 옆면은 삼각형인 뿔 모양 입체 도형을 말해요. 각뿔의 이름은 밑면의 모양에 따라 붙여요. 피라미드는 밑면이 사각형이어서 사각뿔이에요.

# 로마 건축공학 기술의 결정체

# 판테온

**Pantheon**

기원전 20년경　설계 | 마르쿠스 아그리파

이탈리아

로마

### 오쿨루스

꼭대기에는 오쿨루스라고 하는 지름 9.1m의 구멍이 뚫려 있어요. 돔은 우주, 오쿨루스는 태양을 상징해요. 창문이 없는 판테온 건물 안에 자연 빛을 들여보내는 통로 역할을 해요. 해가 비치는 각도에 따라 안쪽 동상을 차례대로 비춘답니다. 안쪽의 더운 공기가 빠져나가는 구멍이라서 비가 적게 올 때는 안으로 빗물이 떨어지지 않아요. 비가 많이 오면 구멍으로 빗물이 들어가지만, 건물 바닥에 배수구가 있어서 물을 내보낼 수 있어요.

### 거대한 돔 형태로 지어진 최초의 건물이자, 현존하는 가장 오래된 돔 건물이에요

옛날 건축물 중에는 어떻게 지었는지 모를 불가사의한 것이 종종 있어요. 현대 기술로도 설명할 수 없어요. 그런데 불가능해 보이지만 철저하게 기본에 충실하게 만든 건물도 있어요. 판테온도 그중 하나예요. 그 당시에 알고 있던 건축 기술을 적용한 거예요. 판테온 이전에도 돔을 사용한 건물은 있었지만 이렇게 거대한 돔은 판테온이 처음이에요. 철근을 쓰지 않은 콘크리트 돔 중에는 여전히 세계에서 가장 큰 건물로 남아 있어요.

### 로마 유적 중에서 지금도 원형 그대로 남아 있고 사용하는 유일한 건물이에요

판테온은 '모든 신을 위한 신전'이라는 뜻이에요. 기원전 27년 아우구스투스 황제의 사위이자 친구인 마르쿠스 아그리파가 세웠어요. 100년 후 화재로 타서 하드리아스 황제가 118~125년에 다시 지었어요. 직사각형 모양인 현관과 원형 건물을 합친 형태예요.

현관에는 높이 12.5m인 기둥 여덟 개가 있어요. 원형 본당에는 창문과 기둥이 있고, 지붕은 반구 형태인 돔 구조예요. 바닥부터 천장까지 건물 높이와 돔의 지름은 43.3m로 같아요. 지름 43.3m짜리 공이 지붕에 딱 들어맞으면서 건물 안에 들어 있다고 보면 돼요.

### 로마인의 공학 기술을 보여주는 건물이에요

기술의 핵심은 아치예요. 반원 모양 아치는 힘을 분산해서 튼튼하게 서 있어요. 돔뿐만 아니라 건물 곳곳을 아치로 구성해서 튼튼하게 쌓아 올렸어요. 현관을 바치는 기둥은 높이가 12.5m, 지름 1.5m, 무게 60t인 거대한 하나의 덩어리예요. 파르테논 신전을 비롯해 돌을 쌓아 올려서 기둥을 만드는 다른 곳과는 다른 방식이에요. 이 거대하고 무거운 기둥을 이집트에서 가져왔어요.

판테온의 돔은 뼈대 없이 돌과 벽돌, 로마식 콘크리트를 이용해 만들었어요. 무게가 4500t이 넘는 돔을 지붕에 세워야 하는 만큼 무게를 줄이는 데 주력했어요. 돔의 아래쪽 무게를 받치는 벽의 두께는 6.2m이고, 꼭대기로 가면 1.2m로 얇아져요. 돔 안쪽에는 격자 문양 장식이 140개 있는데 홈을 파놨어요. 파놓은 만큼 무게가 줄어드는 거예요. 꼭대기에 있는 구멍 오쿨르스도 재료가 들어가지 않아 무게를 줄여줘요. 아래쪽에는 무거운 재료를 쓰고 위로 올라갈수록 가벼운 것을 써서 위쪽에 많은 무게가 걸리지 않게 했어요.

## 바위산을 조각해서 만든 건물

# 페트라

Petra

기원전 6세기

### 조각과 건축의 차이점
조각과 건축은 둘 다 3차원 입체를 표현하지만, 근본적으로 다른 부분은 속이 있냐 없냐예요. 건축에는 생활하는 내부 공간이 있어요. 조각은 물질 하나만 가지고 만들지만, 건축은 여러 가지 물질을 결합해요. 만약에 집을 조각처럼 만들면 어떻게 될까요? 쌓아 올리고 결합하는 대신 조각처럼 깎아서 건물 흉내를 내는 거예요.

### 페트라
페트라는 해발 950m 높이에 있는 산악 도시예요. 최고 300m 높이 바위산이 둘러싸고 있어요. 이런 자연환경을 이용해 바위를 조각해서 도시를 조성했어요.

### 돌을 깎아서 만드는 방법, 조각

밀랍 인형을 보면 진짜 사람과 구분하기 힘들 정도로 사람과 비슷해요. 사람을 비롯해 동물이나 사물의 겉모습은 찰흙 같은 물질을 빚어서 모양을 흉내 내기도 하고, 돌을 깎아서 비슷하게 만들어요. 미국 러시모어산에는 미국 대통령 네 명의 얼굴을 새긴 조각상이 있어요. 이집트 피라미드 앞에 있는 스핑크스는 돌을 쌓아 만든 구조물이 아니에요. 앞발은 돌로 쌓아 올렸지만, 상체와 머리는 커다란 하나의 암석을 깎아서 만들었어요. 무엇인가 흉내를 낼 때는 조각하는 방법을 이용해요.

### 페트라의 보물, 알 카즈네

고대 유적지 페트라에는 돌을 깎아 만든 신전이 있어요. 페트라라는 이름도 바위를 가리켜요. 페트라는 기원전 600년~기원전 100년 사이에 아랍계 나바테아인이 건설한 도시예요. 8세기 대지진 이후로 잊혔다가 1812년 스위스 탐험가가 발견했어요.

알 카즈네는 요르단의 상징으로 여겨지는 건축물이에요. 그리스 양식의 영향을 받은 돌기둥 여섯 개 위에 삼각형 지붕이 있고, 그 위에 또 구조물을 얹은 구조예요. 돌을 쌓아 만든 건물처럼 보이지만 바위에 조각해서 만든 거예요. 내부에도 공간은 있지만 텅 비어 있답니다.

### 페트라에 있는 바위는 사암이에요

모래가 굳어서 만들어진 사암은 상대적으로 가공하기 쉬워요. 바위를 깎아내야 해서 한 번의 실수도 용납하지 않는 솜씨 좋은 사람이 조각했을 거예요. 도구나 작업 방법은 알려지지 않아서 정확한 제작 방법은 아직 알 수 없는데, 몇 가지는 추측할 수 있어요. 조각은 위에서 아래로 했을 거라고 봐요. 미완성 건물을 보면 위에서 조각하다가 멈춰 있어요. 바위산에서 커다란 암석을 뗄 때는 틈새에 나무를 넣고 물을 붓는 방법을 사용했을 거로 추측해요. 나무가 팽창하면서 발생하는 압력으로 바위가 갈라지게 하는 방법은 고대부터 쓰였어요. ('사암'은 '메테오라' '앙코르 와트' 참고)

**그리스 양식**

그리스 건축은 대부분 신전이 차지해요. 기둥과 지붕의 모양이 어떠한가에 따라 크게 도리아식, 이오니아식, 코린트식 세 가지로 나뉘어요. 도리아식은 장식이 없고 간단해요. 이오니아식은 기둥 윗부분에 소용돌이 모양 장식이 있어요. 코린트식은 기둥 윗부분을 가시가 많고 갈라진 아칸서스 잎 모양으로 화려하게 꾸몄어요. 알 카즈네 1층에는 코린트식 기둥이 여섯 개 서 있어요.

■ 하늘 바로 밑 거대한 단일 건물

# 포탈라궁

**Potala Palace**　　　　　　　　　　7세기

티베트

### 아름다우면서도 튼튼하게 지어진 포탈라궁

7세기 송첸캄포 왕이 지었고, 이후 전쟁이 일어났을 때 부서졌어요. 17세기 5대 달라이라마 때부터 다시 짓기 시작해 수 세기에 걸쳐 완성했어요.

포탈라궁의 벽은 아래가 넓고 위로 갈수록 좁아지는 구조예요. 티베트의 오랜 건축물에 보이는 특징인데 아래에서 위를 볼 때 높아 보이는 효과를 내요.

포탈라궁은 백궁과 홍궁으로 나뉘어요. 백궁은 정부청사, 홍궁은 역대 달라이라미의 거처예요. 벽의 색상은 백궁과 홍궁이 각각 흰색과 붉은색이에요. 흰색 벽 창문에 칠한 검은색 테두리도 티베트 사원에 주로 보이는 건축 특징이에요.

외벽은 버드나무의 일종인 타마리스크 가지를 다져서 흙에 섞어 반죽해 만들었어요. 공기가 잘 통하고 습기를 막고, 무게를 줄이고 지진 피해를 줄이는 등 여러 가지 효과를 내요.

티베트
라싸

### 세계에서 가장 높은 곳에 있는 궁전

라싸 시가지가 한눈에 내려다보이는 홍산 중턱에 있어요. 산의 경사를 따라 산기슭에서 정상까지 이어지는 구조예요. 동서 길이는 360m, 남북 너비는 270m, 전체 높이 117m, 전체 면적이 10만㎡가 넘는 매우 큰 건물이에요. 라싸의 평균 고도는 3650m예요.

### 방이 1000개가 넘는다고 전해져요

요즘 아파트는 방이 보통 3~6개 정도예요. 우리나라 한옥처럼 방이 99개인 아파트를 상상해 보세요. 궁궐은 99칸 이상으로 지을 수 있다고 하니 얼마나 복잡하고 방이 많을지 상상하기도 힘들어요. 13층 높이인 포탈라궁에는 방이 1000여 개 있다고 하는데 너무 많아서 정확하게 아는 사람이 없다고 해요. 안에서 길을 잃을지도 몰라요.

### 한옥의 크기는 칸으로 계산해요

칸은 한자 '間(간)'에서 나온 말이에요. 문(門) 틈 사이에 햇빛(日)이 들어오는 모습을 표현한 글자로 틈 사이 간격을 나타내요. 한 칸은 기둥 네 개 사이에 있는 공간을 말해요. 칸의 넓이에는 따로 규정이 없어요. 칸은 면적보다는 공간 구성을 위한 개념이에요. 조선 시대에는 칸으로 집의 규모를 제한했어요. 왕 이외에는 99칸이 넘는 집을 짓지 못하게 했답니다.

순례자의 발길이 끊이지 않는 이슬람 최대 성지

# 하람 성원

**Masjid al-Haram**

완공 시기는 알 수 없으나 성원 중에서 가장 오래되었다고 추정

**메카는 이슬람의 계시가 최초로 시작된 도시예요**
성지 순례 하면 사우디아라비아를 빼놓을 수 없어요. 성지 순례의 최종 목적지인 이슬람교 하람 성원이 사우디아라비아의 종교 도시인 메카에 있어요. 메카를 중심으로 사방 50km 지역에는 이슬람교도 외에는 출입할 수 없어요.

**한 번에 수용할 수 있는 인원이 50만 명이나 돼요**

요즘 시대 성지의 뜻은 넓어졌지만, 여전히 성지 하면 종교를 떠올려요. 성지를 찾는 종교인들의 순례도 끝없이 계속되고 있어요.

하람 성원의 규모는 엄청나게 커요. 넓이는 18만 $km^2$이고, 출입구는 여섯 개 있어요. 워낙 많은 순례자가 찾아와서 사우디아라비아 정부에서는 국가별로 찾아올 수 있는 인원을 정해줘요.

카으바 성전

### 하람 성원 중앙에는 카으바 성전이 있어요

카으바는 이슬람 신을 경배하기 위해 최초로 지은 전당이에요. 형태는 정육면체인데 '카으바'가 아랍어로 입방체를 가리켜요. 카으바가 있어서 하람 성원은 다른 성원보다 더욱 신성하게 여겨요. 이슬람 순례 의식인 대순례와 소순례 때 순례자들이 꼭 거쳐야 하는 곳이에요. 메카 성지 순례는 이슬람교도의 의무여서 죽기 전에 한 번은 꼭 방문해야 해요.

### 하람 성원은 사라센 양식이에요

첨탑은 두 가지 기능을 해요. 사람이 첨탑에 올라가 하루 다섯 차례 열리는 예배 시간을 알려요. 다른 기능은 외지인들이 모스크의 위치를 쉽게 알도록 하기 위해서예요.

모스크 안쪽은 단순해요. 기둥이 없어서 넓은 공간이 펼쳐져요. 모스크의 공통점은 한쪽 벽면에 아치형으로 움푹 팬 미흐랍이에요. 예배를 보는 방향인 사우디아라비아 메카 쪽을 가리키는 역할을 해요. 전 세계 모스크는 메카 방향을 향해요. 이슬람교는 우상 숭배를 금지하기 때문에 아라베스크 문양이나 아랍어 서체 도안을 활용한 문양으로 장식해요.

#### 성지

성지(聖地)는 거룩한 땅을 말해요. 종교가 발생한 곳이나 종교에 의미 있는 장소를 가리켜요.

꼭 종교적 의미가 아니어도 요즘에는 성지라는 말을 자주 써요. 맛집이나 물건을 아주 싸게 파는 가게처럼 사람들이 꼭 가보고 싶어 하는 특별한 장소나 온라인에서 누군가 앞날을 예측한 내용이 맞아떨어진 게시글을 성지라고 해요. 사람들이 경험하거나 확인하고 싶어서 끊임없이 몰려드는 곳이 성지인 거예요.

#### 아라베스크

아랍인들이 만들어낸 장식 무늬예요. 화려한 꽃과 식물의 문양을 끊임없이 반복해서 표현해요. 이슬람 문화권에서는 창조주만 인간이나 동물을 만들어낼 수 있다고 여겨서 인간이나 동물을 형상화하지 않았어요. 대신 식물이나 문자 등을 이용해서 알아보기 힘든 추상적인 무늬를 만들어냈어요. 이란 이스파한에 자리 잡은 샤 모스크 등 이슬람 건축물에서 아라베스크를 볼 수 있어요.

#### 모스크

이슬람 종교 건축물을 모스크라고 하는데, 동그란 돔과 첨탑(미나렛)이 특징이에요. 이런 양식은 세 개로 나뉘어요.
**사라센 양식** 크고 높은 첨탑이 하나 서 있어요.
**오스만 양식** 큰 돔이 있어요.
**페르시아 양식** 양파처럼 뾰족한 돔과 바깥을 덮은 타일이 특징이에요.

## 주상 절리를 본뜬 교회

# 할그림스키르캬

**Hallgrímskirkja**

1986년 완공　**설계** | 구드용 사무엘손

### 할그림스키르캬

할그림스키르캬는 17세기 성직자이자 시인인 할그리무르 페트르손 이름에서 따왔어요. 키르캬는 교회를 뜻해요. 높이는 74.5m로 아이슬란드에서 가장 높고, 꼭대기에는 전망대가 있어요. 아이슬란드 랜드마크 역할을 하는 교회랍니다.

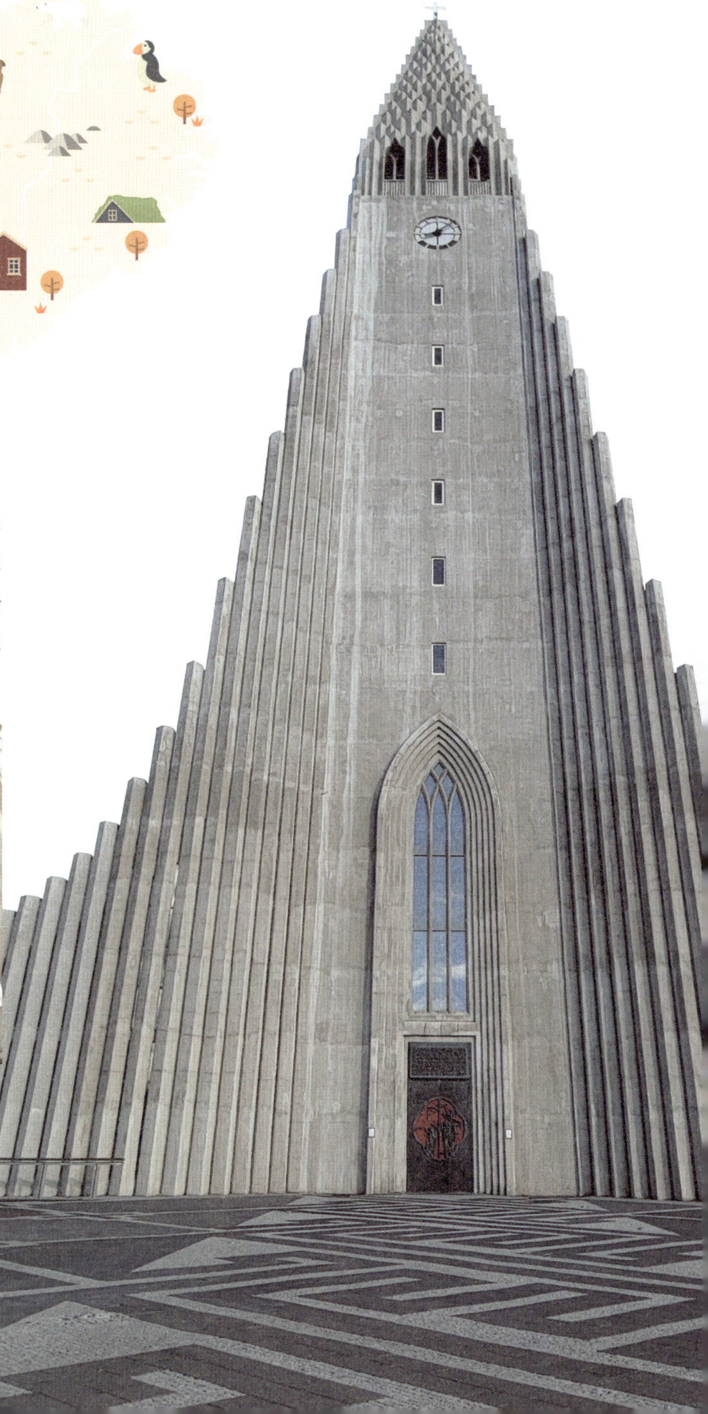

#### 아이슬란드의 자연환경을 본떠 만들었어요

할그림스키르캬는 모양이 매우 특이한 교회예요. 언뜻 보면 우주왕복선이나 비행기처럼 생겼어요. 교회니까 파이프오르간이나 기도하는 손이 떠오를지도 몰라요. 보는 사람에 따라 상상의 나래를 펼칠 수 있어요. 건물을 설계한 구드용 사무엘손은 아이슬란드의 폭발하는 화산에서 영감을 받았어요. 옆으로 연달아 이어지는 콘크리트 기둥은 아이슬란드의 유명한 주상절리 폭포 스바르티포스를 따라 했어요.

외벽의 회색빛은 눈과 얼음을 상징해요. 화산, 용암, 눈은 아이슬란드를 대표하는 자연환경이에요. 사무엘손은 자연을 본떠 교회를 지은 거예요. 외부의 수직 요소는 실내로도 이어져서 벽면, 기둥, 오르간 파이프 등 모든 요소를 수직으로 처리했어요.

**노출 콘크리트**

할그림스키르캬 겉을 보면 콘크리트 벽면에 별다른 장식을 하거나 다른 재료를 붙이지 않았어요. 이처럼 건물 표면을 콘크리트 색과 질감을 그대로 놔두는 공법을 노출 콘크리트라고 해요. 콘크리트 느낌을 그대로 살려서 단단하고 웅장한 분위기를 살릴 수 있어요. 날씨나 햇빛에 따라 콘크리트의 색이 달라져서 독특하고 멋진 개성을 표현해요.

**주상 절리**

땅속에 있던 용암이 땅 밖으로 나와서 식으면 부피가 줄어들면서 갈라져요. '절리'는 암석에 생긴 갈라진 틈을 말해요. 보통 육각형으로 갈라지는데 사각형이나 오각형도 있어요. '주상'은 기둥 모양이라는 뜻이에요. 주상 절리는 다각형 모양으로 갈라진 틈이 기둥 모양을 이뤄서 붙은 이름이에요. 우리나라에서는 제주도, 한탄강, 울릉도 등 70여 곳에서 주상 절리를 볼 수 있어요.

제주도의 대포주상절리 © Marcella Astrid

## 못다 한 건축 수업 ④
# 세계의 이색 종교 건축물

신을 향한 믿음의 표현일까요? 종교 건축물 중에는 유독 특이한 형태가 많답니다.

### 카데트 채플 Cadet Chape

카데트 채플은 미 공군사관학교 콜로라도 스프링스 북쪽에 있는 예배당이에요. 모양이 아주 특이한데, 철제 프레임에 알루미늄을 붙인 얇은 판을 아코디언처럼 접은 형태예요. 전투기를 세워 놓은 듯한 구조가 17개 연달아 서 있어요. 현대식 구조와 고전적인 실내가 조화를 이루고, 공군사관학교의 특징인 비행기를 건물에 잘 표현했어요.

콜로라도 · 미국

### 그룬투비 교회 Grundtvig Church

벽돌 600만 개를 이용해 지은 교회 건물이에요. 덴마크인이 존경하는 그룬투비 목사를 기리기 위해 지었어요. 그룬투비 목사는 덴마크 근대 교육과 사회 제도에 큰 영향을 끼친 인물이에요. 이 교회를 짓기 위해 덴마크 온 국민이 성금을 모았답니다. 겉에서 볼 때는 파이프 오르간처럼 생겼다고 해서 오르간 교회라고 부르기도 해요. 실제로 교회 안에는 파이프 오르간이 있는데, 오르간 수가 4502개로 북유럽에서 가장 규모 크다고 해요.

## 방주교회

세계적인 건축가 이타미 준(유동룡)이 설계했어요. 성경에 나오는 노아의 방주에서 영감을 얻어 만든 교회예요. 노아의 방주는 대홍수를 피해 지상의 모든 동물을 태우기 위해 만든 배예요. 교회 건물 주위에는 인공 수조를 만들어서 방주가 물에 떠 있는 느낌을 살렸어요. 주변이 자연 그대로의 풍경이어서 진짜 대홍수를 준비하는 방주의 모습처럼 보여요.

덴마크 • 코펜하겐

인도
• 델리

대한민국
• 제주도

## 바하이 사원 The Baha'I Temple or Lotus Temple

바하이교는 이슬람교의 한 분파예요. 바하이 사원은 전 세계 여러 곳에 있는데, 인도 사원을 연꽃 사원이라고 불러요. 1986년에 완공된 인도 바하이 사원은 하얀 대리석으로 꾸민 연꽃잎 27개를 아홉 방향으로 펼친 모양이에요. 높이는 35m이고 막 피기 시작하는 연꽃을 닮았어요. 마치 호주 오페라 하우스 두 개를 붙여놓은 듯한 모양이에요. 입구는 모두 아홉 개이고 실내는 돔 형태로 되어 있어요. 종교 시설이자 많은 사람이 찾는 관광지랍니다.

| 동상/전망대/타워/탑

## 5부
# 상징과 의미를 표현한 건축물

건축물의 용도는 무궁무진해요. 꼭 사람이 활동하는 공간이 아니더라도 여러 가지로 쓸모 있어요. 전파를 전국에 쏘아 보내기 위해 높은 탑을 만들거나, 먼 경치를 바라보는 장소를 제공하려고 전망대를 세우거나, 역사적인 사건을 기념하고자 특별한 구조물을 설치하거나, 인물을 기리려고 사람 형태를 본뜬 동상을 만드는 등 건축물 자체에 특정한 기능을 넣거나 상징적인 의미를 담아요.

이런 건축물은 사람이 활동하는 공간이 필요하지 않으므로 대체로 모양이 독특해요. 건축가도 좀 더 자유롭게 상상의 나래를 펼칠 수 있어요. A자 모양으로 생긴 에펠탑, 사진 틀처럼 만든 두바이 프레임, 예수의 모습을 형상화 한 구세주 그리스도상, 황룡사 구층목탑을 음각으로 표현한 경주 타워 등 독특하고 참신한 모습이 인상 깊어요.

N Seoul Tower

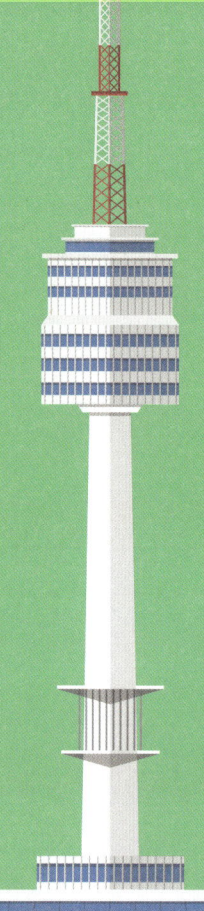

Cristo Redentor

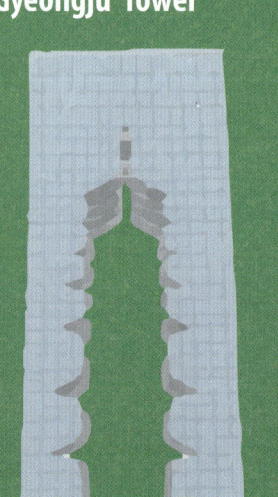

Gyeongju Tower

Gateway Arch

### 서울을 상징하는 높은 탑

# N서울타워

**N Seoul Tower**

대한민국

1975년 완공　설계 | 장종률

#### N서울타워

N서울타워는 남산꼭대기에 있어요. 높이는 236.7m 인데, 남산 높이와 합쳐서 전체 높이는 479.7m예요. 2017년 롯데월드타워(555m)가 문을 열기 전까지 우리나라에서 가장 높은 건축물 자리를 지켰어요. 가늘고 뾰족한 탑이 산꼭대기에 서 있어서 눈에 잘 들어와요. 서울에서 남산타워를 보면 자신의 위치가 어디인지 가늠할 수 있어요.

#### N서울타워는 서울을 상징하는 건축물이에요

'모로 가도 서울만 가면 된다'는 속담이 있어요. 목적은 하나여도 이루는 방법은 여러 가지이거나, 수단이 어떻든 결과만 좋으면 된다는 뜻을 비롯해 여러 가지 의미로 해석될 수 있어요. 수도인 서울에는 사람도 많고, 시설도 발달해서 서울에만 가면 무엇이든 할 수 있다는 내용으로 보면 돼요. 서울에 가려면 방향을 알아야 해요. 남쪽 사람들은 무작정 북쪽으로, 북쪽 사람들은 남쪽을 향해 나선 후에 서울 방향을 찾아요. 그런데 서울의 정확한 방향과 위치를 어떻게 알고 갈 수 있을까요? 멀리서도 보이는 무엇인가가 있다면 찾기 쉬울 거예요.

### 조명의 색으로 미세먼지 농도를 알려줘요

N서울타워의 원래 이름은 남산타워였지만 2005년에 리모델링을 하면서 '남산Namsan'과 '새롭다New'에서 N을 따와서 N서울타워라고 불러요. 케이블카를 타고 남산에 올라가 N서울타워 전망대에 올라가는 코스는 서울에서 꼭 경험해야 할 관광코스로 꼽혀요. N서울타워에서 보는 서울 야경은 환상적인 볼거리예요.

N서울타워 자체도 조명으로 꾸며서 멋진 모습을 드러내요. N서울타워 조명은 정보 전달 역할도 해요. 미세먼지 농도를 조명으로 알려줘요. 파란색, 녹색, 노란색, 빨간색 순서로 미세먼지 정도를 표시해요. 높은 곳에서 눈에 잘 띄는 특성을 이용해 정보 전달 역할을 하는 거예요.

### N서울타워는 전파탑이에요

수도권에 방송용 전파를 쏴요. 하얀색과 붉은색이 섞여 있는 부분이 방송용으로 사용하는 송신탑이에요. 보통 철탑이 짧고 철탑을 받치는 탑신이 긴 해외 다른 탑과 달리 N서울타워는 철탑 부분이 길어서 비례가 독특해요. N서울타워만의 개성이 드러나는 부분이랍니다. 철탑을 받치는 탑신은 철근 콘크리트로 만들었어요. 지을 당시에 철을 생산하거나 조립할 기술이 부족하고 철 가격이 비싸서 철근 콘크리트 구조를 사용했다고 해요.

### N서울타워는 현대판 봉수대인 셈이에요

남산봉수대(복원)
목멱산봉수대터 ⓒ 문화재청

남산에는 봉수대가 있어요. 봉수대는 통신 수단이 없던 옛날에 정보를 전달하는 방법이었어요. 봉수대에서 불과 연기를 피워 올려서 무슨 일이 일어나는지 알렸어요. 봉수대에서 봉수대로 신호를 전달받아 넘기는 거예요. 남산에 있다고 하여 이름 붙은 경봉수는 전국의 봉수(신호로 올리던 불)가 집결하는 곳이에요. 전국 어디서든 12시간 정도면 신호를 전달했답니다.

전파탑 역시 봉수대와 비슷한 역할을 해요. 방송에 필요한 전파를 전국으로 쏴서 텔레비전 방송을 볼 수 있게 해요. 봉수대든 전파탑이든 높은 곳에 있어야 잘 보이고 방해받지 않고 정보를 전달할 수 있어요. 남산에 봉수대와 전파탑이 있는 것은 우연이 아니랍니다.

## 아치, 그 자체가 건물

# 게이트웨이 아치

**Gateway Arch**

1965년 완공　**설계** | 에로 사리넨

### 게이트웨이 아치

단순히 기념하는 구조물에 그치지 않고, 전망대가 있어서 건축물로도 역할을 해요. 안에 설치한 트램을 타고 방문자는 꼭대기 전망대에 올라갈 수 있어요. 아치의 단면이 삼각형이고 곡면을 따라 올라가는 구조여서, 트램을 설치하는 일이 매우 어려웠다고 해요. 결국 대관람차와 엘리베이터를 조합한 개념으로 만들었어요.

### 아치는 포물선의 한 종류예요

공을 멀리 던지려면 조금 위쪽으로 향하게 던져야 해요. 대포로 포를 쏠 때도 목표물에 정확히 맞추려면 각도를 조금 위쪽으로 향해야 해요. 공이나 포탄을 직선으로 쏜다면 지구가 잡아당기는 중력 때문에 가면서 아래로 처져서 멀리 가지 못하거나 목표물에 제대로 맞지 않아요.

조금 위로 향해 던질 때 이동하면서 그리는 곡선을 포물선이라고 해요. 거의 반원 모양이에요. 건물에서도 이런 포물선을 자주 볼 수 있어요. 건물 구조를 이야기할 때 자주 등장하는 아치도 포물선의 한 종류예요. 구조를 직선으로 하지 않고 곡선으로 하면 힘이 잘 분산되어서 구조물이 튼튼하게 서 있어요.

> **키스톤=쐐기돌**
> 아치의 둥근 꼭대기 가운데 자리 잡은 돌이에요. 아치는 일반적으로 돌을 쌓아서 만들어요. 나무로 아치 형태 틀을 만들고 양쪽 끝에서부터 돌을 차곡차곡 쌓아 올려요. 마지막으로 가장 꼭대기에 돌을 끼워 넣는데, 이 돌이 키스톤이에요. 우리말로는 쐐기돌이라고 불러요. 키스톤은 양쪽의 돌들을 연결하고 위에서 내리누르는 힘을 양쪽으로 분산하는 중요한 역할을 해요. 키스톤이 있어야 아치가 무너지지 않고 잘 버틴답니다.

### 미국의 서부 개척 시대를 기념해서 그 출발점에 세웠어요

게이트웨이 아치는 국립 제퍼슨 기념관의 일부분인데, 아치 자체가 독립적인 구조의 건축물이에요. 커다란 은색 아치가 눈에 들어오는 게이트 아치는 역사적인 사건을 기념할 목적으로 세웠어요. 1803년 토머스 제퍼슨 대통령이 프랑스 땅이던 루이지애나를 샀어요. 당시 루이지애나는 현재 미국의 중부 지방을 거의 다 차지할 정도로 넓었어요. 땅을 샀지만, 워낙 넓어서 어떤 땅인지 몰랐기 때문에 제퍼슨 대통령은 메리웨더 루이스 대령과 윌리엄 클라크 소위에게 탐사 임무를 맡겨요. 두 사람은 1804년부터 1806년까지 루이지애나 지역을 탐사하면서 서부 지역 태평양 연안까지 도달해요. 탐사 이후에 본격적으로 미국의 서부 개척 시대가 열려요. 게이트웨이 아치는 탐사의 출발점인 미주리주 세인트루이스의 미시시피강변에 서 있어요.

### 아치의 높이는 192m로 미국에서 가장 높은 기념물이에요

바닥에 닿은 두 지점의 거리도 192m여서 균형이 잘 맞아요. 설계는 핀란드 건축가 에로 사리넨이 했는데, 현수선을 참고했어요. 현수선은 줄로 상판을 지지하는 현수교에서 볼 수 있어요. 양쪽에 줄을 고정하고 자연스럽게 늘어뜨렸을 때 생기는 곡선을 말하는데, 포물선과 비슷하게 생겼어요. 재료는 스테인리스 스틸을 사용해서 만들었어요. 단면은 정삼각형이고 위로 갈수록 삼각형의 크기는 작아진답니다. 양쪽에서 공사를 시작해 위에서 만나야 하므로 정확하게 시공하는 일이 중요했어요. 일반 아치와 마찬가지로 맨 꼭대기에는 양쪽을 받치는 키스톤이 들어갔어요. ('스테인리스 스틸'은 '월트 디즈니 콘서트홀' 참고)

## 현대식으로 재현한 황룡사 구층 목탑

# 경주타워

대한민국

2007년 완공    **설계** | 원저작권자 이타미 준(유동룡)

대한민국

### 경주
경주는 과거 신라의 수도였던 곳이라 도시 곳곳이 문화재로 가득해요. 옛 것 그대로 되살린 문화재도 있고, 지금 발굴 중인 유적도 있는 등 도시 전체가 역사를 이어가는 데 주력해요.

**황룡사 구층 목탑**

신라 시대 경주 황룡사에 세운 목탑이에요. 선덕왕(재위 780~785년) 때 당나라에 유학 갔다 온 자장 스님의 권유로 지었다고 해요. 신라를 둘러싼 아홉 나라의 침략을 막을 목적으로 아홉 개 층으로 세웠어요. 높이가 80m가 넘는 높은 탑인데, 과거에 나무만 가지고 이런 건축물을 지었다는 사실이 놀라워요. 안타깝게도 1238년 몽골의 침입을 받아 불타버렸답니다.

### 과거를 되살리는 방법은 여러 가지가 있어요

자동차를 예로 들면, 먼저 옛날 차를 과거 모습 그대로 유지해요. 부품도 생산할 때 쓰던 것을 구해서 끼워요. 두 번째, 원래 모습 그대로 되살리지만, 부품이나 재료는 요즘 것으로 써요. 세 번째, 겉은 옛날 상태 그대로지만 엔진이나 기타 중요 장치는 완전히 새롭게 개조해요. 네 번째, 옛날 차의 주요한 특징만 살려서 완전히 새로운 차를 만들어요. 자동차뿐만 아니라 여러 분야에서 이런 식으로 과거의 모습을 되살려요. 문화재도 마찬가지예요. 있는 그대로 복원하기도 하지만, 특징을 살려서 새롭게 재창조해요.

### 황룡사 구층 목탑을 현대적으로 재해석한 건물이에요

현대적인 유리 건물에 황룡사 구층 목탑의 모양을 음각으로 표현했어요. 높이는 황룡사 구층 목탑과 같은 82m에 맞췄어요. 외벽에는 첨단 영상기술을 이용해 3D 화면을 띄워 다양하게 표현할 수 있어요.

황룡사 구층 목탑은 복원할 구체적인 자료가 남아 있지 않아서 정확한 모양을 알 수는 없어요. 기록으로만 존재하는 목탑을 현대적인 시각으로 재해석해서 최신 소재를 이용해 완성했어요. 경주타워는 사람이 거주하는 건물은 아니에요. 겉모습은 건물 같지만, 속은 비어 있고 맨 위에 전망대를 갖춘 탑과 비슷한 구조물이에요. 우리나라에서는 그동안 볼 수 없었던 새로운 구조물이어서 더 돋보여요. 특별한 가치를 인정받아 경주의 랜드마크로 자리 잡았답니다.

### 경주타워 디자인의 원저작자는 건축가 이타미 준이에요

경주타워는 공모를 통해 디자인을 정했어요. 1위 당선작을 토대로 만들려는 계획과 달리 실제 제작은 2위에 뽑힌 이타미 준의 디자인을 토대로 이뤄졌어요. 이타미 준의 허락 없이 진행된 일이었어요. 결국 경주타워 디자인의 원저작권 권리는 이타미 준에게 돌아갔어요.

이타미 준(1937~2011)은 재일 한국인 건축가예요. 한국 이름은 유동룡이에요. 지역성을 살려 인간의 삶에 조화를 이루도록 하는 건물을 짓는 데 주력했어요. 제주도의 포도호텔, 방주교회, 수풍석 뮤지엄 등을 남겼어요. ('방주교회'는 '세계의 이색 종교 건축물' 참고)

# 산 위에서 굽어보는 거대한 수호자

## 구세주 그리스도상
### Cristo Redentor

1931년 완공
**설계 |**
에이토르 디 시우바 코스타(디자인),
폴 란도프스키(설계)

**리우데자네이루**
구세주 그리스도상은 리우데자네이루의 티주카 산림 국립공원 안의 코르코바도산 정상(700m)에 있어요.

### 가톨릭으로 유명한 브라질의 종교적 특성이 반영됐어요

세계 곳곳에는 통치자나 신을 형상화해서 커다란 동상이나 조각상으로 만들어요. 가장 유명한 것은 브라질 리우데자네이루에 있는 구세주 그리스도상이에요. 브라질은 축구의 나라이자 가톨릭으로 유명해요. 구세주 그리스도상은 브라질의 종교적 특성을 반영한 건축물이에요. 양팔을 벌린 자세는 십자가의 거룩한 형상을 나타내요. 산 정상에서 두 팔을 벌리고 서 있는 모습이 리우데자네이루시, 주변 바닷가와 산과 어우러져 멋진 풍경을 이뤄요.

구세주 그리스도상의 첫 아이디어는 1850년대에 나왔어요. 가톨릭 신부였던 페드루 마르티아 부스가 브라질 공주에게 커다란 기념상을 세우자고 제안했어요. 이후 여러 차례 이야기가 나온 끝에 1922년 포르투갈에서 독립한 100주년을 기념해 만들기로 하고, 1926년에 건설을 시작해 1931년에 완공했어요.

## 철근 콘크리트를 기초로 사용해 압축력과 인장력에 강해요

구세주 그리스도상은 철근 콘크리트를 사용해 기초를 다지고 외부에 동석을 붙여 조각해 만들었어요. 받침대 포함 높이 38m, 양팔 길이 28m, 무게 635t에 이르는 거대한 규모예요. 몸체에는 당시 시대를 대표하는 미술 양식 중 하나인 아르데코를 적용했어요.

## 종종 벼락 피해를 당하는 구세주 그리스도상

번개는 구름에서 전기가 흐르면서 생기는 현상이에요. 구름 안에는 전기 성질을 띠는 아주 작은 알갱이인 전하가 있어요. 전하는 양전하와 음전하가 있는데, 둘이 균형을 맞추기 위해 이동할 때 높은 열과 빛이 발생해요. 이때 생긴 빛이 번개예요. 번개가 공기를 빠르게 가르며 지나갈 때 발생하는 소리가 천둥이에요. 번개는 땅에 가장 빠르게 도달할 수 있는 곳을 찾아요. 땅으로 떨어지는 번개를 벼락이라고 해요. 높은 곳이나 뾰족한 곳은 벼락 맞을 위험성이 커요. 피뢰침은 끝이 뾰족한 금속이에요. 벼락을 대신 맞아 전기를 땅으로 흘려보내는 역할을 해요.

구세주 그리스도상은 높은 산꼭대기에 있는 데다가 형상도 뾰족해서 번개에 맞기 쉬워요. 피뢰침이 달려 있지만, 벼락 피해가 종종 발생해요. 벼락을 맞아서 손가락이 떨어지는 일도 일어났답니다.

---

### 아르데코 양식

1920~1930년대 유행하던 미술 양식이에요. 1925년 파리 장식미술과 산업미술 국제박람회에서 따온 용어예요. 화려한 색채, 반복·동심원·지그재그 등 기하학적인 형태, 공업 생산 방식을 미술에 결합하는 특징을 보여요. ('아르데코 건축'은 '엠파이어 스테이트 빌딩' 참고)

### 동석

암녹색이나 회색을 띠는 변성암의 한 종류예요. 변성암은 원래 있던 암석이 열이나 압력을 받아서 변한 것을 가리켜요. 동석은 부드럽고 가공하기 쉬워서 도장이나 조각 재료로 많이 사용해요. 변형이 덜하고 열에 잘 견뎌서 건축물 외벽 재료로 쓰기에도 알맞아요.

### 철근 콘크리트

철근 콘크리트는 강화 콘크리트라고도 불러요. 철근은 가느다랗고 긴 철이고, 콘크리트는 시멘트에 물과 모래와 자갈을 섞은 것을 말해요. 두 재료를 합치면 매우 단단해져요. 콘크리트는 누르는 힘에는 잘 견디지만 당기는 힘에는 약해요. 철근은 반대로 당기는 힘에는 잘 견디지만 누르는 힘에는 약해요. 두 가지를 결합하면 누르는 힘과 잡아당기는 힘에 모두 강해져서 튼튼한 건물을 지을 수 있어요. 인장력은 양쪽에서 잡아당길 때 생기는 힘, 압축력은 반대로 양쪽에서 밀 때 생기는 힘이에요.

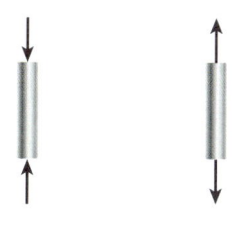

압축력과 인장력(왼쪽부터)

### 세상의 풍경을 담는 액자

# 두바이 프레임

**Dubai Frame**

아랍에미리트

2018년 완공  **설계** | 페르난도 도니스

#### 똑같이 생긴 쌍둥이 건물을 위에서 연결한 구조예요

두바이 엑스포 2020을 기념하기 위해 만든 건물이에요. 두바이 프레임 이름 그대로 커다란 틀이에요. 모양만 흉내 낸 구조물이 아니라 활용할 수 있는 공간을 갖춘 건물이에요. 1층에는 두바이의 과거와 현재를 보여주는 박물관과 스크린으로 구성한 터널이 있어요.

48층 높이 꼭대기에서는 전망대에서는 두바이 시내가 360도 방향으로 눈에 들어와요.

두바이 프레임은 세상에서 가장 큰 액자라고 할 수 있어요. 실제 높이는 150m, 너비는 93m로 매우 커요. 강철 2000t, 철근 콘크리트 9900m³, 유리 2900m²를 사용해서 만들었어요. 겉에는 고리 모양 금색 스테인리스를 덮어서 독특한 분위기를 풍겨요.

액자처럼 생긴 구조가 독특한데, 따지고 보면 두 빌딩을 연결한 거라고 보면 돼요. 쌍둥이 빌딩이나 가깝게 붙어 있는 두 빌딩을 다리로 연결하는 구조는 종종 있어요. 두바이 프레임도 똑같이 생긴 쌍둥이 구조물을 위에서 연결한 구조예요. 실제 공사도 그런 순서로 진행했답니다.

#### 크기는 크지만 황금비율을 적용해서 자연스럽게 보여요

황금비는 인간이 보기에 가장 아름다운 비율을 말해요. 선분을 둘로 나눌 때, 작은 쪽과 큰 쪽의 비가 5:8이면 황금비라고 그래요. 비율로는 1.168이에요. 선분은 두 점을 곧게 이은 선이에요. 양쪽이 막힌 한정된 직선이어서 길이를 잴 수 있어요. 피라미드의 밑변과 높이의 비도 1.168이에요. 두바이 프레임도 황금비를 적용했어요. 밤에는 건물에 불이 들어와서 다양한 색으로 멋진 야경을 연출한답니다.

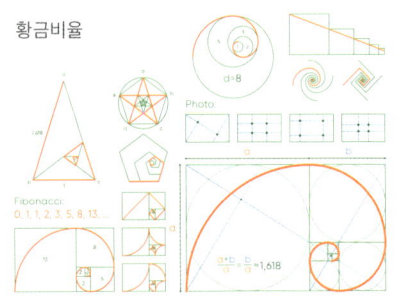
황금비율

### 세상에서 가장 큰 액자라고 할 수 있어요

요즘 경치 좋은 관광지에 가면 꼭 볼 수 있는 것이 커다란 사진 틀이에요. 멋진 배경 앞에 서 있는 틀 안에서 사진을 찍으면, 자연스럽게 액자 사진처럼 보여요. 즉석에서 자세를 바꾸거나, 여럿이 나오게 찍는 등 자유롭게 사진 연출할 수 있어요.

두바이 프레임의 단점이라면 너무 커서 사람이 나오게 사진을 찍기가 힘들어요. 건물이 멋진 배경으로 잡히게 찍으려면 멀리 높은 곳으로 가야 해요. 제대로 찍을 만한 곳에 자리만 잡는다면 두바이의 멋진 풍경을 더 멋진 액자 속에 담을 수 있어요.

### 도시에서 즐기는 놀이 탑

## 브리티시 에어웨이 i360

**British Airways i360**  2016년 완공  설계 | 데이비드 마크스, 줄리아 바필드

### 위치 에너지와 중력의 마법, 놀이기구

놀이공원에 가면 특별한 경험을 할 수 있어요. 높은 곳에서 갑자기 떨어지고, 거꾸로 매달려서 구불구불한 길을 빠르게 지나가고, 반복해서 높은 곳과 낮은 곳을 왔다 갔다 하고, 의자에 앉아 수직 방향으로 360도 회전하는 등 별의별 놀이기구가 다 있어요. 보기만 해도 무섭지만 짜릿하고 재밌는 경험을 하고 싶어서 타게 돼요. 평소 느낄 수 없는 속도감과 공포를 경험하고 나면 자신감과 쾌감이 밀려와요.

놀이동산의 놀이기구는 여러 종류가 있지만 대부분 높은 곳에서 낮은 곳으로 내려오는 방식이에요. 높은 곳에 올라가 위치 에너지를 얻은 후에 별도 동력 없이 중력에 의해 속도가 붙으며 내려오는 거예요. 높은 곳에서는 굳이 내려오지 않아도, 떨어질지 모른다는 불안감 때문에 불안과 공포를 느껴요.

놀이동산은 아니지만 건물 꼭대기에 놀이기구를 달아 재미를 한껏 키운 곳을 종종 볼 수 있어요. 라스베이거스에 있는 엑스스크림이나 인세니티는 건물 꼭대기에서 바깥쪽으로 뻗어 나가 매달려 있는 아주 무서운 놀이기구예요.

### 전망대와 놀이기구를 합친 독특한 건축물이에요

브리티시 에어웨이 i360도 높이를 이용한 즐길 거리예요. 전체 높이는 162m예요. 기둥을 감싼 도넛처럼 생긴 타원형 유리 케이블카를 타고 높이 138m까지 올라가요. 케이블카의 지름은 18m이고, 바닥을 제외한 전체가 유리여서 바다와 도시의 풍경을 한눈에 볼 수 있어요.

놀이기구와 다른 점이라면 전망대여서 천천히 올라가요. 수직으로 오르내리는 데 25분 걸리고 200명 인원이 한꺼번에 탈 수 있어요. 탑승객은 안전벨트를 매지 않아도 되고 안에서 자유롭게 돌아다녀요. 고층 빌딩에는 유리 창문을 만들어서 바깥을 볼 수 있게 한 전망 엘리베이터를 운영해요. i360은 엘리베이터와는 다른 더 넓고 짜릿한 경험을 선사해요.

### 세계에서 가장 가늘고 긴 구조물로 기네스북 인증을 받았어요

가느다랗고 높은 철기둥에 타원형 케이블카가 달린 모습은 미래 도시의 건축물처럼 보여요. 반지를 낀 손가락이나, 펜싱 칼, 막대사탕 등 보는 이의 상상을 자극해요. 기둥 지름은 4m로 세계에서 가장 가늘고 긴 구조물로 기네스북 인증을 받았어요. 기둥은 통조림 캔처럼 생긴 원통형 철을 차곡차곡 쌓아서 만들었어요. 높은 구조물은 바람과 진동에 약해요. i360은 진동을 줄이는 댐퍼를 설치하고 바람을 분산하기 위해 알루미늄 표면에 작은 구멍을 많이 뚫어놨어요.

---

#### 위치 에너지
어떤 한 기준이 되는 곳에서 떨어진 위치에 자리 잡은 물체가 가지고 있는 에너지예요. 종류는 여러 가지인데 우리 주변에서는 주로 중력에 의한 위치 에너지를 볼 수 있어요. 돌을 손으로 잡고 있다가 놓으면 중력이 잡아당기는 힘 때문에 바닥으로 떨어져요. 물체가 지면에 높이 올라가면 그만큼 중력이 잡아당기는 힘이 위치 에너지로 바뀌어요. 돌이 떨어지는 곳에 유리를 갖다 놓으면 깨져요. 돌이 떨어지면서 위치 에너지가 일해서 유리를 깨뜨린 거예요.

#### 중력
지구가 물체를 잡아당기는 힘이에요. 중력의 방향은 지구 중심을 향해요. 물체를 들고 있다가 놓으면 떨어지는 것도 지구가 잡아당겨서 그래요. 지면에서 위로 올라갈수록 중력도 작아져요. 우주에서는 지구의 중력이 작용하지 않아요. 우주선 안에서는 중력이 없어서 사람도 물건도 둥둥 떠다녀요.

#### 댐퍼
충격이나 진동을 줄이는 장치예요. 용수철이나 고무 등 탄성이 있는 물체를 이용해서 충격과 진동을 줄여요. 탄성력은 물체에 힘을 줘서 변형시켰을 때 원래 상태로 돌아가려는 힘이에요. 용수철을 손으로 눌렀다 놓으면 원래 모양으로 돌아가요. 눌린 상태를 유지하려면 손에 계속 힘을 줘야 해요. 탄성력이 손을 밀어내기 때문이에요. 손이 용수철을 누르는 동작은 충격을 주는 것과 같아요. 탄성력이 충격을 밀어내므로 충격이 줄어드는 효과를 내요.

## 55년 만에 두 배로 높아진 탑
# 도쿄 스카이트리

**Tokyo Skytree**

2012년 완공　설계 | 안도 다다오

일본

### 건축물은 다 용도가 있어요

간혹 용도를 잘 모르겠거나 활용도가 너무 떨어진다는 생각이 드는 건축물이 있어요. 높은 탑이 그래요. 사람이 사는 공간이 있지도 않고, 그저 높이 솟은 게 전부예요. 전망대를 만들어 관광지로 활용하기도 하지만, 왠지 들인 공에 비해 제대로 활용을 못 한다는 생각이 들어요. 높은 탑은 정말 낭비일까요? 높은 탑에도 보이지 않는 역할이 있답니다.

### 전파탑이면서 관광 명소로, 350m와 450m 지점에 전망대가 있어요

스카이트리에 가면 맑은 날에는 450m 전망대에서 75km 떨어진 먼 곳도 볼 수 있어요. 날이 좋을 때는 후지산도 눈에 들어온다고 해요. 345 전망대에는 경치를 즐기며 식사할 수 있는 레스토랑도 마련했어요.

어딜 봐도 관광 타워인데 스카이트리의 본래 역할은 따로 있어요. 스카이트리는 전파탑이에요. 방송에 필요한 전파를 전국에 쏘아 보내요. 현재 방송은 대부분 디지털 방식인데 장애물이 있으면 전파가 멀리 가지 못해요. 이전에 같은 역할을 하는 도쿄 타워가 있었지만, 고층 빌딩이 늘어나면서 장애물이 많아졌어요. 더 높은 곳에서 전파를 쏘아 올려야 해서 스카이트리를 만들었어요. 도쿄 타워 높이가 333m이니 스카이트리는 거의 두 배로 높아진 거예요.

## 강철로 된 본체와 중심에 있는 기둥으로 이뤄졌어요

사용한 철강의 양은 4만t이 넘고 강풍에도 견딜 수 있는 고강도 유리를 사용했어요. 세계에서 두 번째로 높은 건물이어서 안전에 공을 들여 만들었어요. 진도 9 규모 지진이 일어나도 버틸 수 있어요. 지진에 견디도록 '심주제진'이라는 시스템을 개발해서 적용했어요. 지진이 발생하면 심주라는 기둥이 외부 구조물과 시차를 두고 흔들리면서 지진의 진동을 상쇄해요. 상쇄는 상반되는 것이 서로 영향을 주어 효과가 없어지는 현상을 말해요. 일본의 1300년 된 목조건축물인 호류지 5층 탑의 구조 원리를 본뜬 시스템이랍니다. 기둥과 바깥쪽 탑체가 지상 125m까지는 고정되고, 그 위부터는 댐퍼로 연결되어 있어요. 이 부분이 지진이 발생했을 때 진동을 줄이는 효과를 내요. ('댐퍼'는 '브리티시 에어웨이 i360' 참고)

**도쿄 타워**

1958년 세워진 높이 333m짜리 전파탑이에요. 여러 개 탑에서 쏘던 전파를 통합해서 한 군데서 보내면서 일본의 텔레비전 시대를 여는 데 크게 공헌했어요. 전파탑 기능 외에 일본을 대표하는 상징적인 건축물이어서 오래도록 일본 국민의 사랑을 받고 있어요

## 높이를 634m로 정한 이유

도쿄 스카이트리의 높이는 634m예요. 전파탑 중에서는 세계에서 가장 높고, 빌딩까지 합치면 두바이 부르즈 할리파에 이어 두 번째로 높아요. 2012년 완공된 스카이트리는 일본의 새로운 랜드마크로 자리 잡았어요. 스카이트리(Skytree)라는 이름은 '하늘을 향해 뻗은 커다란 나무'를 뜻해요. 일본도의 휜 모양과 신사나 사원의 무쿠리라고 부르는 불룩한 부분 등 전통 요소를 디자인에 적용했어요.

원래는 610m였는데 중국 광저우타워가 604m로 완공되자, 계획을 수정해 24m 더 높였어요. 수도권을 '무사시노 쿠니'라고 불렀는데, 무사시와 발음이 비슷한 634m로 높이를 정했어요.

## 흉물에서 명물로

# 에펠탑

**Tour Eiffel**

1889년 완공  **설계** | 귀스타브 에펠

### 탑 중에서는 전 세계에서 가장 유명해요

삼각형을 그리며 위로 올라가는 모양은 매우 익숙해요. 에펠탑이 처음 생겼을 때는 도시에 어울리지 않는 흉물 취급 받았어요. 고풍스러운 파리 분위기에 맞지 않아서 처음 세울 때도 반대가 심했어요. 에펠탑은 박람회 입구로 만든 건축물이었어요. 일시적인 박람회를 기념하는 건물이어서 별다른 기능이 없었고, 20년 동안만 세워놓기로 했어요. 20년이 지난 후 해체될 위기를 맞았어요.

귀스타브 에펠은 탑이 과학적으로 쓸모 있다는 사실을 내세웠어요. 1899년부터 기상 관측과 항공 연구소 역할을 했고, 1903년에는 프랑스군의 무선 통신 수단으로 쓰였어요. 이런 용도를 인정받아 에펠탑은 살아남았고, 이후 사람들의 사랑을 받기 시작하면서 프랑스를 넘어 세계에서 가장 유명한 탑이 되었어요.

### 돌에서 철로 건축 재료가 바뀌는 전환점을 이룬 건축물이에요

귀스타브 에펠은 '강철의 마술사'라고 불리는 뛰어난 공학자였어요. 에펠탑을 짓기 전에 이미 프랑스 남부에 가라비 고가교를 지었고, 니스 천문대의 돔과 자유의 여신상 내부 강철 프레임도 설계했어요.

에펠탑 역시 강철을 이용해 지었어요. 에펠탑은 돌에서 철로 건축 재료가 바뀌는 전환점을 이룬 건축물이에요. 철근 7300t을 이용해서 만들었고, 1만 8000여 개 조립 부품과 리벳 50만 개를 이용했어요. 모든 부분은 0.01cm 정밀도로 정교하게 설계했어요. 에펠탑은 곡선이 아름다운 탑으로 인정받지만 미적인 면을 고려한 디자인이 아니라 공학적인 설계 결과 아름다운 모양이 나왔다고 해요. 결국 공학이 곧 예술이 되는 결과를 불러왔어요.

1894년 당시에 크레인을 이용해 높이가 300m에 이르는 높은 철제 구조물을 짓는 것도

파리

프랑스

놀라운 일이에요. 에펠탑은 1930년 미국에 크라이슬러 빌딩이 생기기 전까지 세계에서 가장 높은 건축물 자리를 지켰어요. 제2차 세계대전 이후에는 첨탑과 통신용 안테나를 추가해서 높이가 324m로 높아졌어요.

### 바람을 견뎌내도록 설계한 곡선 구조예요

높은 상공에는 바람이 더 세게 불어서 고층 건물은 늘 바람의 영향을 극복해야 해요. 에펠탑의 곡선 구조는 바람을 견뎌내도록 설계한 구조예요.

에펠탑의 아치형 철골 구조는 인체 골격을 닮았어요. 아치의 다리 부분은 사람의 엉덩이뼈와 허벅지뼈를 잇는 곡선을 따라 했어요. 몸통의 균형을 잡아주는 다리처럼 탑을 안전하게 받쳐줘요. ('아치'는 '콜로세움' 참고)

### 조각과 공학의 조화

# 쟈유의 여신상

**Statue of Liberty**

1886년 완공
설계 | 조각가 오귀스트 프레데릭 바르톨디

미국

### 상징으로 읽는 자유의 여신상

**머리에 쓴 왕관** 가지가 일곱 개 뻗어 있는데, 일곱 대륙과 바다를 가리켜요.
**발** 부러진 사슬로 묶여 있는데, 노예제도의 폐지를 의미해요.
**횃불** 이성의 빛과 깨달음을 상징해요.
**손에 든 책** 책에는 미국 독립기념일(1776년 7월 4일)이 적혀 있어요.
**몸을 감싼 옷** 민주주의를 실행한 로마 공화국을 나타내요.

## 미국의 독립을 상징해요

자유의 여신상은 신고전주의 작품이에요. 당시 프랑스에서는 신화에 나오는 여러 신상을 조각하는 게 유행이었어요. 자유의 여신상은 자유를 의인화한 로마의 여신 리베르타스에서 영감을 받아 만들었어요. 미국의 독립을 상징해요. 조각가 바르톨리는 자신의 어머니를 모델로 디자인했어요.

서 있는 곳도 이민자들이 배를 타고 들어오는 항구 근처 리버티섬에 있어요. 원래 이름은 '세계를 밝히는 자유 Liberty Enlightening the World'랍니다. 처음 세워졌을 때는 손에 든 횃불이 등대 역할을 했어요.

### 리벳

얇은 판을 결합할 때 쓰는 작은 부품이에요. 생김새는 못이랑 비슷하지만 결합하는 방식은 달라요. 강판 두 장에 구멍을 뚫고 리벳을 넣은 뒤 지름이 얇은 쪽을 납작하게 눌러주면 두 판이 결합해요. 한번 결합하면 다시 분해하기가 쉽지 않아요. 진동에 잘 견뎌서 철골 구조물, 다리, 선박, 기계에 많이 사용해요. 에펠탑과 자유의 여신상에도 리벳을 사용해서 금속을 결합했어요.

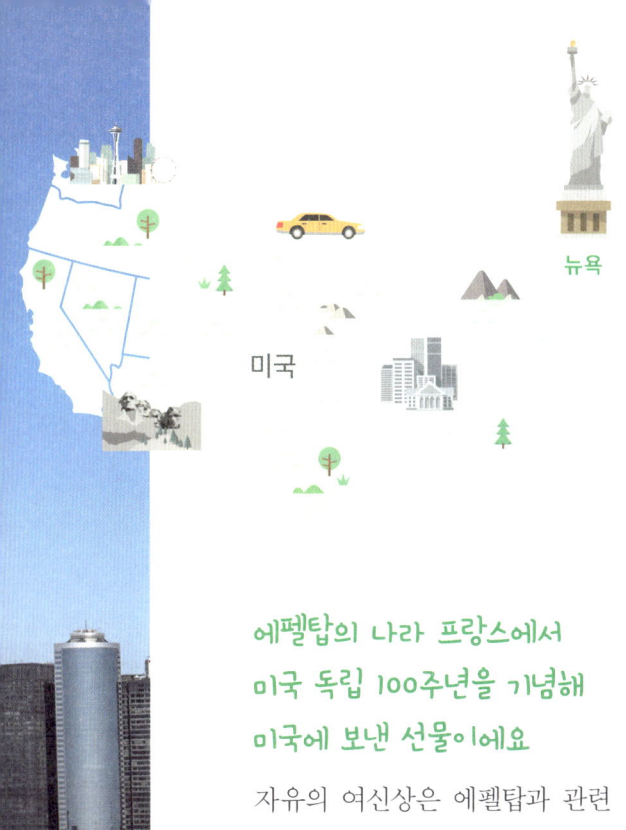

뉴욕

미국

### 에펠탑의 나라 프랑스에서 미국 독립 100주년을 기념해 미국에 보낸 선물이에요

자유의 여신상은 에펠탑과 관련 있어요. 에펠탑을 설계한 귀스타브 에펠이 여신상 안의 철골 구조를 설계했어요. 당시에는 무거운 금속판을 이어 붙이고 속이 빈 구조를 만드는 게 큰 문제였어요. 바람에도 견디도록 튼튼해야 했어요. 안정적인 설계를 위해 조각가 바르톨디는 내부 철골 구조를 에펠에게 의뢰했답니다.

구리판은 철제 골격에 리벳으로 붙였어요. 높이는 46m(받침대 포함 93m)이고 무게는 225t이에요. 구리판의 두께는 2.37mm에 불과해요. 미국으로 보낼 때는 크기가 너무 커서 350개 조각으로 나눠서 실어 보냈어요. 원래 자유의 여신상의 색은 구릿빛이었어요. 구리 껍질이 산화하면서 청록색으로 변했답니다.

### 정의의 여신, 유스티티아

신화 속에는 많은 여신이 나와요. 각자 특징과 역할과 개성이 다 달라요. 신화 속 가상의 존재이지만 현실에서도 여신을 마주칠 수 있어요. 니케는 그리스 신화에 나오는 승리의 여신이에요. 스포츠용품 나이키의 브랜드 이름과 로고는 니케에서 따왔어요. 뮤즈는 그리스 신화에 나오는 음악과 시를 관장하는 아홉 명의 여신이에요. 요즘에는 예술가에게 영감을 주는 사람을 뮤즈라고 불러요. 로마 신화에 나오는 정의의 여신 유스티티아는 법원 관련 내용에서 볼 수 있어요. 눈을 가리고 양손에는 저울과 칼을 들어서 공정한 판결을 상징해요.

유스티티아

### 구리의 산화

금속은 산소와 만나면 녹슬어요. 철은 녹슬면 붉은 녹이 생겨요. 구리는 철과 달라서 청록색으로 변해요. 구리가 산소와 결합하면 붉은색 녹이 생기고 더 많은 산소와 만나면 검은색으로 바뀌어요. 대기 중의 황산이 닿으면 다시 청록색으로 변한답니다. 서울 여의도에 있는 국회의사당 지붕도 구릿빛이었다가 녹이 슬면서 청록색으로 변했어요.

5부 상징과 의미를 표현한 건축물

## 기초의 중요성을 알려주는 기울어진 탑

# 피사의 사탑

**Torre di Pisa**

1372년 완공　**설계** | 보나노 피사노

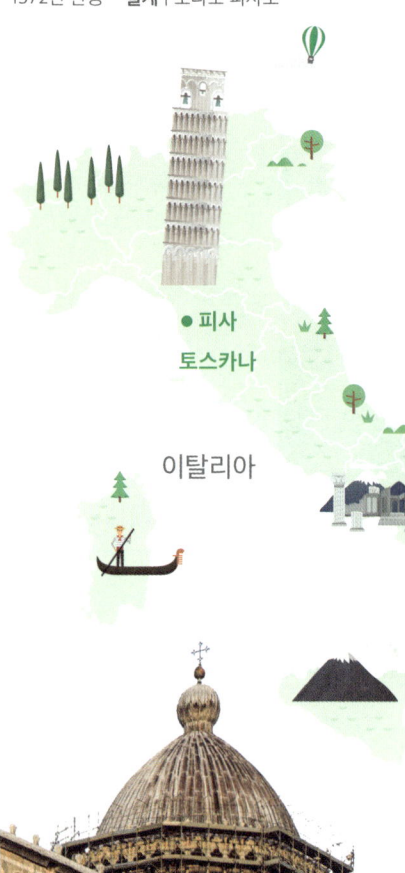

이탈리아

피사
토스카나

이탈리아

### 나무든 건물이든 땅속 부분이 깊어야 튼튼하게 위로 올라갈 수 있어요

나무는 뿌리를 땅에 뻗어서 지탱해요. 높이 자라려면 뿌리를 더 깊게 뻗어야 해요. 조선 초기 세종 29년에 발간된 《용비어천가》는 맨 처음 훈민정음으로 써서 나온 책이에요. 내용 중에는 '뿌리 깊은 나무는 바람에 아니 흔들리므로'라는 구절이 나와요. 전통의 소중함을 나무뿌리에 빗대어 설명했어요.

예로부터 나무뿌리는 튼튼한 밑받침으로 여겼답니다. 뿌리를 깊게 내리는 대신 옆으로 넓게 뻗어서 안정을 유지하는 나무도 있어요. 어떻게 하든 든든하게 서 있으려면 땅속 뿌리가 튼튼하게 자리 잡아야 해요.

건물도 기초가 중요해요. 기초는 건물의 맨 아래에서 건물을 떠받치고 고정하는 부분이에요. 기초가 부실하면 건물이 기울거나 가라앉아요. 심하면 무너져 내리기도 해요. 고층 건물이 늘어나면서 기초는 더 중요해졌어요. 높이 올라가려면 기초도 단단하게 다져야 하고 땅속에 있는 부분도 더 깊어져야 해요.

### 피사의 사탑은 기초의 중요성을 보여주는 건물이에요

피사의 사탑은 현재 5.5도 기울어졌는데 '사탑斜塔'이라는 이름도 기울어진 탑이라는 뜻이에요. 탑을 지을 때 일부러 기울어뜨리지는 않았어요. 3차례에 걸쳐 200년 동안 지었는데, 1173년에서 1178년까지 이뤄진 1차 공사에서 3층까지 쌓아 올렸을 때 지반이 가라앉아서 기울기 시작했어요. 이후 보강작업으로 바로 세우지 못해서 기운 채로 공사를 마쳤답니다. 높이는 55.8m, 지름 19.6m, 8층 건물이고 무게는 1만4500t이에요. 이렇게 크고 무거운 건물의 기초가 겨우 지하 3m밖에 되지 않아요.

### 무른 땅에 지어서 한쪽이 기울어졌지만 지진 피해도 생기지 않았어요

피사의 사탑이 서 있는 땅은 충적토예요. 충적토는 흙이나 모래가 물에 흘러 내려와서 낮은 지역에 쌓여서 생긴 토양이에요. 유기물질이 많이 섞여 있고 입자가 고와서 땅이 무르기 때문에 건물을 세우기에는 알맞지 않아요.

피사의 사탑은 공사 이후 계속 기울어져서 바로 세우기 위해 20세기 후반까지도 여러 차례 보강을 시도했어요. 지금은 수직선에서 5.4m 기울어진 상태로 멈췄어요. 무른 땅에 지어서 한쪽이 가라앉으면서 기울어졌어요. 모순되게도 땅이 연약해서 지진 피해가 생기지 않았어요. 적어도 네 차례 큰 지진을 겪었는데 연약한 땅이 지진의 충격을 흡수한 거예요.

### 피사의 사탑이 무너지지 않고 버티는 이유는 무게 중심이에요

무게 중심은 물체가 균형을 이루는 지점이에요. 책을 손가락 위에 올려놓는 장난을 쳐봤을 거예요. 책이 떨어지지 않고 가만히 있을 때 손가락이 받치는 부분이 무게 중심이에요. 무게 중심이 낮으면 안정적으로 설 수 있어요. 직사각형 상자를 세로로 세워놓으면 무게 중심이 높아서 잘 넘어지지만, 가로로 놓으면 무게 중심이 낮아서 잘 안 쓰러져요. 피사의 사탑은 무게 중심이 바닥 안쪽에 있어요. 각도가 대략 7도를 넘어서면 무게 중심이 바닥 면에서 벗어나서 무너질 위험이 커져요.

### 전기를 생산하는 거대한 바람개비

# 할리에이드-X
**Haliade-X**

미국 | 2021년 설계 | GE

동부 해안 또는
영국 도거뱅크 외
여러 곳 예정

미국

### 햇빛, 땅속의 열, 파도, 바람 등의 천연 에너지는 오염 없이 무한정 쓸 수 있어요

요즘은 친환경 시대예요. 지구를 깨끗하게 보존하려는 움직임이 전 세계에 활발히 일어나고 있어요. 그동안 인류는 경제 발전을 위해 지구의 환경을 파괴했어요. 나무는 사라지고 강과 바다와 공기는 더러워지고 썩지 않는 쓰레기가 지구를 뒤덮었어요. 지구의 자원은 고갈되고 있어요. 뒤늦게 위기를 느낀 인류는 지구의 환경을 보호해서 후손에게 깨끗한 지구를 물려주려고 노력해요. 다행히 자연은 인류에게 오염을 일으키지 않는 에너지를 제공해요. 햇빛, 땅속의 열, 파도, 바람 등 천연 에너지는 무한정 쓸 수 있어요. 에너지를 실제로 쓸 방법은 인류가 개발해야 해요.

### 풍력 발전기는 커다란 바람개비예요

요즘에는 풍력 발전 단지를 쉽게 볼 수 있어요. 자연 관광지에 가면 산이나 바다에 바람개비처럼 생긴 하얀 풍력 발전기가 여러 대 모여 있는 광경이 눈에 들어와요. 풍력은 요즘 뜨는 발전 방식이에요. 바람의 힘을 이용해서 전기를 만들어내요. 바람개비를 만들어서 가지고 놀아봤을 거예요. 들고 달려가거나 바람이 부는 곳에 있으면 날개 부분이 돌아가요. 풍력 발전기는 커다란 바람개비예요. 날개가 돌면서 터빈을 돌려 전기를 만들어내요.

할리에이드-X ⓒkees torn

## 가장 큰 풍력 발전기, 할리에이드-X

풍력 발전기는 날개가 클수록 생산하는 전기도 늘어나요. 지름이 두 배가 되면 바람을 받는 면적은 네 배로 커져요. 발전기 제조 비용이 네 배를 넘지 않는다면 지름을 키우는 게 전기를 많이 생산하는 데 유리해요. 날개 지름이 커지면 발전기 높이도 높아져요. 바람은 높은 곳에서 강하게 불기 때문에 지름이 커지면 더 강한 바람을 받을 수 있어요.

할리에이드-X는 날개 길이가 107m여서 로터까지 합친 전체 지름이 220m에 이르러요. 설치 높이는 해수면에서 260m까지 올라가요. 발전 용량은 바람 세기에 따라 12, 13, 14MW로 나뉘어요. 12MW 용량 발전기가 1년에 생산하는 전기의 양은 67GWh예요. 1만 6000여 가구에 전기를 공급할 수 있어요. 풍력 발전기는 크기는 계속 커지고 있어요. 덴마크 베스타드사는 지름 236m짜리 풍력 발전기를 개발하고 있어요.

## 풍력 발전기의 날개가 세 개인 이유

날개가 세 개일 때 효율이 가장 높아요. 날개가 네 개가 되면 무게 때문에 효율이 떨어져요. 날개 하나의 무게는 수십 톤이어서 날개가 늘어나 무거워지면 바람이 세게 불 때 윈드타워가 버티는 힘이 약해져서 부서질 수 있어요. 두 개를 사용해도 되지만 세 개짜리가 안정성이 높다고 해요.

## 풍력 발전기는 높은 구조물이라 세우기도 힘들지만 부품을 옮기기도 어려워요

풍력 발전기 세우는 지역이 일정하지 않고 거대한 일체형 부품이어서 완제품을 현장으로 실어 날라서 조립해요. 날개 길이만 수십 미터여서 도로 위로 실어 나를 때 제약이 커요. 장애물이 없는 코스로 조사하고 필요에 따라 가로등이나 신호등을 임시로 떼기도 해요.

### 높은 곳에서 바람이 더 세게 부는 이유

아파트 고층이나 산에 올라가면 바람이 지상보다 더 세게 불어요. 바람의 세기에 영향을 미치는 요소는 다양한데 지표면에서는 마찰력이 큰 영향을 미쳐요. 현대 사회는 건물을 비롯한 인공 구조물이 많아서 바람이 더 많이 가로막혀요. 빌딩이나 아파트의 높은 층이나 산꼭대기나 바다처럼 방해물이 적은 곳은 바람이 세게 불어요.

### 전기 발전 단위

전기 발전에는 전력을 나타내는 W(와트)라는 단어를 써요. 와트는 단위 시간에 얼마만큼 전기를 만들어내는지 나타내요. 1MW(메가와트)=1,000kW(킬로와트)=1,000,000W예요. 1MW 전력이면 대략 400~500가구에 전기를 공급할 수 있어요.

## 못다 한 건축 수업 ⑤

# 세계의 조각상

### 조각과 건축은 비슷해 보이지만 달라요

조각은 입체 예술 작품을 가리키고, 건축은 건물의 설계 또는 건설을 나타내요. 조각과 건축 모두 예술에 속하지만, 조각은 어떤 대상물을 그대로 재현하는 작업이고, 건축은 추상적인 조형이에요. 건물 안에는 공간이 있다는 점도 달라요. 비슷한 점이라면, 조각이나 건축이나 커다란 구조물이고 지역의 랜드마크인 경우가 많아요. 거대한 조각품은 건축물 못지않게 환경을 구성하는 중요한 역할을 해요.

### 러시모어산 조각상

미국 중서부 사우스다코다주 블랙힐스 산자락에 새긴 커다란 조각상이에요. 미국 대통령 네 명의 얼굴을 새겼는데, 머리에서 턱까지 길이가 18m예요. 코 길이만 6m이고 눈은 3m라고 하니 얼마나 큰지 알겠죠? 러시모어산은 높이가 1750m에 이르는 높은 산이에요. 대통령 조각상은 100km 떨어진 곳에서도 잘 보인답니다. 대통령 네 명은 왼쪽부터 조지 워싱턴, 토머스 제퍼슨, 에이브러햄 링컨, 시어도어 루스벨트예요. 미국을 빛낸 위인이랍니다. 조각상의 아이디어는 도안 로빈슨이라는 역사학자가 내고, 조각은 조각가 거천 보글럼과 인부 400명이 맡았어요. 산을 깎는 기술이 발달하기 전이라서 인부들이 줄에 매달려 못과 망치로 조각했답니다. 작업 기간만 14년이 걸렸어요.

### 스핑크스

피라미드 하면 스핑크스를 빼놓을 수 없어요. 스핑크스는 파라오의 권력을 상징해요. 스핑크스는 사자 몸에 사람 머리가 달린 상상 속 동물이에요. 지나가는 사람에게 문제를 내서 맞추지 못하면 잡아먹었다는 이야기도 전해져요. 스핑크스는 암석을 깎아 만들었다고 해요. 길이는 73m, 높이는 22m, 얼굴 너비는 4m일 정도로 큰 스핑크스는 지구상에서 가장 거대한 조각상이에요. 스핑크스의 코는 사라졌는데, 누가 부쉈는지를 놓고 여러 이야기가 전해 내려와요.

## 러산대불

산자락을 깎아 만들었어요. 처음 시작은 당 현종 원년인 713년에 해통이라는 승려가 시작했어요. 해통은 생전에 완성하지 못하고 위고라는 불교 신자가 완성했다고 해요. 거의 90년이 걸렸답니다. 크기는 높이 71m, 폭 28m에 이르는 세계에서 가장 큰 불상이에요. 초기에는 13층 높이 목조 누각이 불상을 보호했는데, 명나라 말기에 누각은 불타서 없어졌어요.

러산 대불은 민강, 청의강, 대도하 세 개 강과 어메이산, 링윈산, 우롱산 세 개 산이 만나는 지점에 있어요. 교통은 좋았지만, 홍수로 강물이 불어나면 사고가 끊이지 않던 곳이에요. 러산대불은 불교의 힘으로 이를 막을 목적으로 지었다고 해요.

## 통합의 상

파텔 동상은 세계 최대 조각상이에요. 인도 독립운동가 사르다르 발라바이 파텔(1875~1950)을 기념해서 구자라트주에 만들었어요. 파텔 전 부총리는 간디와 함께 독립 운동을 했어요. 독립 정부에서는 부총리와 내무장관으로 일했어요. 여러 세력으로 나뉜 인도를 한데 모으는 데 큰 역할을 해서, 동상 이름도 '통합의 상'으로 붙였답니다. 동상 높이는 182m이고, 받침대까지 합치면 240m에 이르러요. 파텔 탄생 138주년인 2013년에 착공해 143주년인 2018년에 완성했어요.

5부 상징과 의미를 표현한 건축물

## 6부
# 상상을 뛰어넘는 이색 건축물

건축물의 모양을 자유롭게 만들 수 있을까요? 기초를 다지고 뼈대를 만들고 겉을 덮는 재료를 붙여야 하는 과정을 떠올리면 일정한 틀을 벗어나기는 불가능해 보여요. 하지만 이런 선입견을 깨는 건축물이 세계 곳곳에 있어요. 마치 찰흙을 주물러서 자유롭게 모양을 만들듯이 특이한 모양으로 세운 건축물이에요. 건축물이 맞나 싶은 정도로 상상을 뛰어넘는 기발한 아이디어가 돋보여요.

자동차 실린더, 책을 떠받치는 두 손, 두 사람이 춤추는 모습, 넓적하게 땅을 덮은 버섯, 외계 생명체, 철 원자 구조, 대나무처럼 만든 건축물을 떠올려보세요. 생각만으로는 도저히 상상이 안 돼요. 건축 세계에 불가능은 없어 보여요. 세계 불가사의로 꼽히는 오래된 건축물이 아니더라도 믿을 수 없는 특별한 현대 건축물도 많아요. 상상력의 자유로운 표현은 건축물의 놀라운 특성이자 매력이에요.

**BMW Headqurater**

**Bosco Verticale**

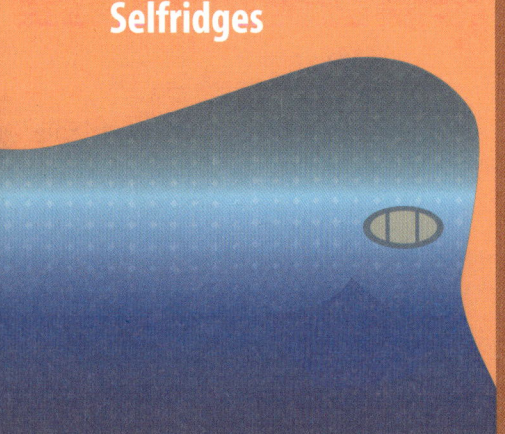

**Selfridges**

**Dancing House**

■ 엔진 부속이 건물로

# BMW 본사
#### BMW Headqurater

1972년 완공 | 설계 | 칼 슈반저

### BMW 세계, BMW 벨트

벨트(Welt)는 세계(월드 World)를 가리켜요. BMW 벨트에는 차를 산 사람이 차를 인도 받는 곳, 식당, 쇼핑몰, 기술과 디자인 스튜디오, 자동차 전시 공간 등 다양한 즐길 거리와 체험 공간이 있어요.

벨트가 있던 자리는 옛날 뮌헨에 최초로 비행장이 생긴 곳이에요. BMW는 자동차 이전에 비행기를 만들던 회사예요. 회사의 역사와 관련 있는 곳에 복합 공간을 지은 거예요.

벨트에서 눈여겨볼 부분은 '더블 콘'과 지붕이에요. 회오리 또는 소용돌이치는 물결처럼 생긴 '더블 콘'은 다목적으로 활용하는 공간이에요. 지붕은 '클라우드 루프'라고 하는데, 1만 4000㎡ 넓이를 유리와 철로 뒤엎었어요. 마치 공중에 떠 있는 듯한 독특한 구조예요. 벨트는 해체주의를 표현한 건물이에요. 해체주의는 이전의 익숙한 틀을 해체하고, 자유롭게 재구성하는 표현 양식이에요. ('해체주의'는 '댄싱 하우스' 참고)

### BMW 본사 건물

1972년 완공한 독일 자동차 브랜드 BMW 본사 건물은 원기둥 네 개가 모인 특이한 구조예요. 원기둥 네 개는 자동차 엔진의 실린더를 표현했어요. 실린더는 피스톤이 들어 있는 공간이에요. 피스톤이 실린더 안에서 위아래로 움직이면서 엔진이 돌아가요. 본사 건물은 자동차의 특성을 건물에 잘 녹여냈어요.

### BMW 자동차 박물관

1973년에 설계되었다가 2008년에 보강해서 다시 문을 열었어요. 그릇처럼 생긴 모양이 독특해요. 아예 별명도 '그릇(bowl)'이에요. 지붕의 평평한 면에는 BMW의 엠블럼을 그려 놨어요. 내부는 길처럼 구성했어요. 전시물을 보며 이동하는 길이 마치 도시의 도로를 걷는 듯해요. 나선형 경사로를 따라 걷기만 하면 자연스레 전시 공간을 차례로 볼 수 있어요.

자동차 엔진의 실린더

## 독일 뮌헨 본사 옆에는 공장, 박물관, 벨트가 한곳에 있어요

자동차의 근본은 이동 수단이지만, 사람들이 활용하는 범위는 무궁무진해요. 수집품으로 여기거나, 취미생활 도구로 사용하거나, 생산 기구로 활용하거나, 스포츠 대상으로 즐겨요. 자동차 회사는 이런 복합적인 자동차를 다양하게 경험할 수 있도록 체험 공간을 마련해요. 여러 자동차 회사가 복합 문화 공간을 만들어서 자동차 마니아나 차에 관심 많은 사람 또는 즐길 거리를 찾는 일반인들에게 흥미로운 경험을 제공해요.

BMW는 자동차 관련 시설을 한데 모았어요. 독일 뮌헨 본사 옆에는 공장, 박물관, 벨트가 한곳에 있어요. 실린더를 닮은 본사 외에 박물관과 벨트도 특이한 건물로 사람들의 시선을 잡아끌어요.

▌책을 떠받치는 두 손

# 가이젤 도서관

미국

**Geisel Library**　　　　　　　　　　　1970년 완공　**설계** | 윌리엄 페레이라

**가이젤 도서관은 작가 테오도르 수스 가이젤 이름에서 따왔어요**

　미국 캘리포니아 샌디에이고대학교 도서관은 독특한 외관이 특징이에요. 두 손이 책을 떠받치는 모습을 형상화했어요. 잎이 무성한 나무처럼 보이기도 하는데, 안내판에는 '이곳에는 눈에 보이는 것 외에 더 많은 것이 있다'라는 문구와 함께 도서관 기둥 아래로 뿌리 비슷한 형체가 뻗어 나간 그림을 그려 놓았어요. 지식을 먹고 자라는 나무 같은 존재예요.

　원래 이름은 평범한 중앙도서관이었어요. 1993년 도서관을 유지 보수 공사할 때 미국인 작가 테오도르 수스 가이젤(1904~1991) 측에서 많은 책과 후원금을 기부했어요. 《닥터

미국
캘리포니아

**대학교 도서관**

대학교에서 가장 중요한 건물을 꼽으라면 도서관일 거예요. 학문 탐구야말로 대학교를 운영하는 가장 큰 목적이에요. 도서관에는 책을 비롯해 지식을 얻을 많은 자료가 있어요. 학생들은 도서관에서 공부하며 배움을 이어 나가요. 도서관은 중요한 건물이어서 대부분 대학교 안 중심부에 자리 잡아요. 대학교를 상징하는 역할도 하다 보니 크고 멋진 건물이 많아요. 세계 유명 건물 목록에도 대학교 도서관은 빠지지 않고 이름이 올라가요.

> **브루탈리즘**
>
> 1950~1960년대에 영국에서 시작해 세계 각 나라로 퍼진 건축의 한 경향이에요. 가공하지 않은 콘크리트(béton brut)를 뜻하는 프랑스말에서 유래했고, 야수적이고 거칠고 잔혹하다는 뜻을 나타내요. 재료의 질감을 외부에 그대로 드러내거나, 보이지 않는 곳에 설치하는 기능 설비를 숨기지 않고 노출해요. 콘크리트가 노출되어서 요새처럼 보이는 건축물이 많아요.

수스》로 잘 알려진 가이젤은 20세기의 안데르센이라고 불릴 만큼 많은 동화책을 발표했어요. 1995년 작가의 이름을 따서 '가이젤 도서관'으로 이름을 바꿨어요.

### 16개 기둥이 떠받치는 8층 규모예요

윗부분은 4~8층이고, 기둥 아랫부분에는 1, 2층이 넓게 자리 잡아요. 3층은 시설이 없는 빈 곳이에요. 건축 양식은 브루탈리즘을 적용했어요. 독특한 구조 덕분에 가이젤 도서관은 대학교뿐만 아니라 지역의 상징물로 자리 잡았어요. 영화 〈인셉션〉에는 도서관을 본뜬 건물이 등장해요. 유명하다 보니 관심도 많이 받아서 '책이 무거워서 건물이 가라앉고 있다', '책의 무게를 잘못 계산해서 3층을 만들지 않았다'라는 등 여러 가지 소문도 돌아요.

6부 상상을 뛰어넘는 이색 건축물

## 사람처럼 춤추는 건물

# 댄싱 하우스

Dancing House

체코

1996년 완공　**설계** | 블라도 밀루니치, 프랭크 게리

### 건물 두 개가 같이 춤추는 모습이에요

미국인 댄서이자 배우인 프레드 아스테어와 진저 로저스가 춤추는 모습에서 영감을 받았다고 해서 '프레드와 진저'라고 부르기도 해요. 원래 이름은 땅을 산 보험사 이름을 딴 '내셔널 네델란덴 빌딩(Nationale Nederlanden Building)'이에요.

## 제2차 세계대전 때 폭격으로 무너져 내린 건물이 있던 자리에 세웠어요

역동적으로 춤추는 흥겨운 모습을 건물에 표현했지만 건축 배경이 밝지만은 않아요. 체코는 20세기에 독일과 옛 소련의 지배를 받았어요. 사회주의 국가였던 체코는 제2차 세계대전이 끝나갈 무렵 프라하에 미군의 폭격을 당해서 건물이 무너져 내려요. 댄싱 하우스 자리는 극작가 바츨라프 하벨과 가족이 소유한 건물이 있던 곳이에요.

50년 가까이 부서진 채로 방치되다가 건축가 블라도 밀루나치가 바츨라프 하벨과 그곳을 되살릴 프로젝트를 구상했어요. 바츨라프 하벨이 체코 대통령이 되면서 체코에도 자유가 찾아왔고, 프로젝트가 진행되었어요. 블라도 밀루나치는 건축가 프랭크 게리와 함께 댄싱 하우스를 만들었어요. 처음 생겼을 때는 논란이 많았어요. 프라하는 바로크, 고딕, 아르누보 양식 건물이 즐비한 곳이에요. 현대적인 댄싱 하우스가 혼자 그곳에 서 있어서 어울리지 않는다는 비난이 컸어요. '찌그러진 콜라 캔'이라는 놀림도 받았어요.

## 자유롭게 짓는 해체주의 양식을 적용한 건물이에요

해체주의는 일반적인 건축 양식에서 벗어나 기상천외한 모습으로 자유롭게 건물을 짓는 양식이에요. 해체주의 건물은 뒤틀리거나 구겨진 모양 등 기이하게 생겼어요.

체코의 자유를 상징하는 댄싱 하우스의 성격은 해체주의와 맞아떨어져요. 두 건물을 만든 소재도 달라서 하나는 유리, 다른 하나는 콘크리트예요. 두 개로 나뉘어 보이지만 사실 하나로 붙어 있어요. 유리 건물은 여성 댄서의 허리처럼 옆이 오목하게 들어간 구조인데, 주변 건물의 조망권을 확보할 목적으로 그렇게 만들었어요. 그물 같은 철 구조에 투명 유리가 붙어 있는 부분은 여성의 치마처럼 보여요. 19세기 중반에 여성들이 드레스나 스커트를 부풀리기 위해 사용했던 크리놀린과 비슷하게 생겼어요. 중간에 나온 테라스는 여성 댄서의 허리를 받치는 남성 댄서의 손처럼 보여요. 콘크리트 건물 창의 높이가 달라서 물결치듯 보이는데 건물 앞에 흐르는 강과 조화를 이뤄요.

**해체주의**

해체주의 건축은 안정적인 형태에서 벗어난 새로운 것을 추구해요. 대칭을 이루지 않고 규칙적인 배열에서 벗어나는 등 특정한 양식에 얽매이지 않고 이전 건물과는 다른 불확실한 모습을 보여줘요. 시애틀 센트럴 도서관, 베를린 유대인 박물관, 안트베르펜 포트하우스, 덴버 미술관 등 세계 곳곳에서 해체주의 건물을 볼 수 있어요.

### 배를 이고 있는 건물

# 마리나 베이 샌즈

**Marina Bay Sands**

2010년 완공  **설계** | 모셰 사프디

### 현대 건물 중 가장 짓기 어려운 건물로 꼽혀요

호텔과 컨벤션센터 건물이에요. 용도는 특별하지 않은데 모양이 아주 독특해요. 세쌍둥이처럼 모여 있는 건물, 사람 인人 자처럼 생긴 형태, 건물 위에 얹은 배 모양 구조물. 하나도 아니고 특별한 모습을 세 개나 보여줘요. 설계 당시 14개 회사가 공사하겠다고 나섰지만, 조건에 맞게 해낼 수 있는 곳은 한 곳 우리나라 쌍용건설밖에 없었답니다.

### 건물 하나씩 옆에서 보면 한자 人(사람 인)처럼 생겼어요

건물을 설계한 모셰 사프디는 건물의 人(사람 인) 모양을 카드가 서로 기댄 모습에서 영감을 받았다고 했어요. 동쪽 건물이 23층 지상 70m에서 만나서 하나가 돼요. 동쪽 건물의 기울기는 지면에서 최대 52도예요. 피사의 사탑보다 10배나 기울었어요. 기울기로만 보면 23층까지 짓기도 전인 8층에서 무너져 내려야 해요. 결국 콘크리트 벽 안쪽에 케이블을 당겨서 구조물을 지탱하는 방법으로 공사에 성공했답니다. 줄로 잡아당겨서 무너지지 않게 한 거예요.

### 55층 200m 높이에는 배처럼 생긴 스카이파크가 있어요

전체 길이는 340m, 너비 37m, 높이 16m, 축구장 2배 크기이고 무게는 6만t이에요. 장식품이 아니고 수영장 세 개, 식당, 스파, 전망대가 있는 활동 공간이에요. 특히 끝쪽 70m 부분은 외팔보(캔틸레버)처럼 건물 밖으로 튀어나왔어요. 스카이파크는 지상에서 만들어서 분리한 후 들어 올려서 조립했답니다. 무거운 스카이파크를 올려놓을 때도 어려움이 따랐어요. 아래 건물이 두 갈래로 갈라지고 그중 하나는 휘어서 힘을 제대로 견디지 못할 위험성이 컸어요. 무게를 견디는 방법은 휜 건물이 받는 무게 부담을 옆 건물로 옮기는 방식으로 해결했어요. ('외팔보'는 '마하나콘 타워' 참고)

| 도시를 덮은 거대한 파라솔

# 메트로폴 파라솔

**Metropol Parasol**

2011년 완공  **설계** | 율겐 마이어 헤르만

### 도시를 덮은 거대한 파라솔이에요

일반 파라솔처럼 생기지는 않았지만 무엇을 가리는 용도가 파라솔과 비슷해요. 메트로 파라솔은 엔카르나시온 광장을 덮은 거대한 목조 구조물이에요. 크기는 가로 150m, 세로 75m, 높이 28m예요. 파라솔 여섯 개가 이어져서 마치 땅 위에 자란 버섯처럼 보여요. 현지에서는 엔카르나시온의 버섯이라고 불러요.

메트로 파라솔은 모양이 독특하지만, 목재를 주로 사용해 자연적인 분위기를 풍겨서 전통적인 주변 환경과 조화를 잘 이뤄요. 세비야에 있는 중세 교회의 첨탑과 성당 내부 기둥, 무화과나무를 디자인에 반영해서 전통적인 요소에 잘 어울리도록 했어요. 나무는 얇은 판자로

**폴리우레탄**

폴리우레탄은 플라스틱의 한 종류예요. 고무처럼 탄성이 있고, 잘 닳지 않고, 가공하기 쉬워서 활용하는 분야가 넓어요. 건물에는 물이 새지 않도록 재료 표면을 코팅하거나, 열이 밖으로 빠져나가지 않도록 하는 단열 재료로 사용해요. 폴리우레탄 옷감도 있어요. 폴리우레탄을 섞은 천은 늘어났다 줄어들었다 하는 성질인 신축성이 아주 좋아요. 신체의 움직임에 맞게 늘어나서 아주 편해요.

**건축과 문화재**

건물을 지을 때는 땅을 파서 기초를 다져야 해요. 땅을 파다 보면 문화재가 발견되기도 해요. 우리나라에서는 문화재를 발견하면 바로 공사를 중단해야 해요. 땅에 묻힌 문화재는 원래 모습 그대로 보존하는 게 원칙이고, 필요한 때에만 발굴한답니다. 서울 공평도시유적전시관은 서울의 골목길과 건물터 유적을 전시하는 곳이에요. 건물을 짓기 위해 개발하는 도중 문화재가 발견되어서 그 자리에 들어설 건물에 그대로 보전했어요.

된 목재를 개발해 사용했어요. 스페인의 뜨거운 태양과 비바람을 견뎌내도록 폴리우레탄으로 코팅했어요. 나무 3400개를 연결해 공중에 물결치는 모양으로 배열했는데, 구조가 직물처럼 보여요. 세비야의 주력 산업인 직물을 떠올리게 하는 구조예요. 땅밑에 있는 유적을 보호하기 위해 기둥을 최소화해서 여섯 개로 줄였어요. 유적지 안에 서 있는 기둥은 그중에 단 두 개예요.

### 유적지도 보호하고 세계적인 관광지로도 자리 잡은 개발 모범 사례로 꼽혀요

1990년대에 오래된 시장 환경을 개선하는 공사를 하던 중에 고대 로마 유물이 나왔어요. 다시 개발하기 위해 국제 공모를 거쳐 메트로 파라솔이 생겨났어요. 지하에는 발견된 유적을 전시하는 박물관이 있고, 1층에는 원래 개발하기로 했던 시장이 자리 잡았어요. 2층에는 다양한 활동을 할 수 있는 이벤트 공간을 마련했어요. 옥상 산책로에서는 주변 도시 전망을 즐길 수 있어요. 메트로 파라솔은 유적지를 보호하면서 시민에게 개방하는 모범 사례로 꼽혀요. 지역 상인들의 공간이었던 엔카르나시온 광장은 메트로 파라솔이 들어선 이후 세비야의 랜드마크로 자리 잡았고 세계적인 관광지로 변했어요.

## 식물과 함께 사는 집

# 보스코 베르티칼레

**Bosco Verticale**

2014년 완공　**설계** | 스테파노 보에리

### 보스코 베르티칼레는 '수직 숲'을 뜻해요

사람과 새가 함께 사는 나무집을 목표로 고층 건물에 나무를 심어서 전체를 숲처럼 꾸몄어요. 건물을 설계한 스테파노 보에리는 담쟁이덩굴로 둘러싸인 이탈리아 전통 탑에서 영감을 얻었어요.

80m, 112m 높이 두 동 건물에 나무 800그루를 심었어요. 건물 표면에는 1만 1000여 개 피복 식물과 5000여 개 관목이 있어요. 규모로 따지면 3만m² 넓이 삼림을 옮겨 온 것과 같아요. 외부에는 나무가 자라는 발코니를 엇갈리게 배치해서 나무가 3개 층 이상 곧게 자랄 수 있어요. 엇갈리게 튀어나온 발코니가 건물의 독특한 모양을 형성해요. 건물 벽도 나무껍질 색을 칠한 재료로 덮어서 건물 전체가 커다란 나무처럼 보여요.

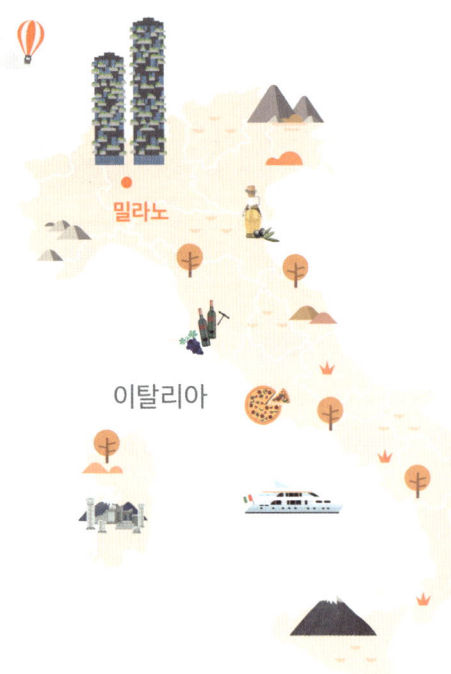

이탈리아

밀라노

### 보스코 베르티칼레는 1600여 종에 이르는 곤충과 식물이 사는 생태계예요

보스코 베르티칼레에 심은 나무와 식물은 오염 물질을 걸러내고 소음을 줄이고 건물 내부의 온도와 습도를 조절하고 에너지 사용을 줄이는 역할을 톡톡히 해내요.

나무를 키우려면 잘 골라야 해요. 벌레가 꼬이거나 너무 무성해지면 오히려 주거 환경에 피해를 줘요. 물 주고 관리하는 일도 너무 번거롭지 않아야 해요. 보스코 베르티칼레를 지을 때는 나무 종류, 심는 방법과 위치, 색과 형태를 생태학자가 3년 동안 연구해서 계획을 세웠어요.

건물에는 조경 관리 전문가가 있어서 식물의 상태를 확인하고 제거하거나 교체하는 등 전문적으로 관리한답니다. 물과 영양 관리는 중앙 관리소에서 원격으로 제어해요. 필요한 물은 건물에서 생긴 폐수와 빗물을 정화해서 다시 사용해요. 전력은 태양광 에너지와 바람, 광전지 에너지를 활용해요. 보스코 베르티칼레는 하나의 생태계를 이뤄서 1600여 종에 이르는 곤충과 식물이 사는 곳이 되었답니다.

### 빌딩 숲에서 숲 빌딩으로

빌딩 숲은 도시에 빌딩이 빽빽하게 들어서서 마치 나무숲처럼 보인다고 해서 나온 말이에요. 환경에 좋은 영향을 미치는 나무숲과 달리 빌딩 숲은 환경의 적이에요. 도시를 삭막하게 하고 오염 물질을 배출하고 사람과 차가 몰려들어 복잡해져요. 빌딩 숲을 '숲 빌딩'으로 만들면 어떻게 될까요? 숲으로 가득한 빌딩이 도시에 들어서면 환경 문제를 해결할 수 있을 거예요.

수도권을 비롯한 대도시에는 자동차와 건물이 많고 인구 밀도가 높아서 복잡해요. 미세먼지가 자주 발생해서 건강을 위협해요. 보스코 베르티칼레 같은 주거용 건물이 있으면 환경을 개선하는 데 도움이 될 거예요. 우리나라는 아파트가 많아요. 외부적으로 자연과 접하기 힘든 아파트 특성에 맞춰서 집안에서 식물을 많이 길러요. 형태만 다를 뿐 이미 건물에 식물을 키우는 시도가 많이 이뤄지고 있어요. 보스코 베르티 같은 건물이 생기면 금방 익숙해지고 적응할 거예요.

▎외계 생물의 도심 침공

# 셀프리지스

**Selfridges**

2003년 완공  **설계** | 퓨처시스템

### 외부에 비늘처럼 보이는 것은 알루미늄 디스크예요

셀프리지스를 보면 생물체처럼 보여요. 건물이 매우 특이하게 생겨서 정체를 종잡을 수 없어요. 앞에서 보면 외눈박이 괴물처럼 생겼어요. 통로가 중간에 달려서 촉수를 내뻗은 외계 생명체처럼 보이기도 해요. 옆에서 보면 길쭉해서 우주선 같고, 꽉 막힌 형태를 보면 방주가 떠올라요. 은색 비늘이 점점이 박힌 뱀의 몸통이나 꿈틀거리는 바다 생물체 같기도 해요. 보는 사람이 상상하기에 따라 존재는 무궁무진하게 바뀌어요.

외부에 비늘처럼 보이는 것은 알루미늄 디스크예요. 1만 5000여 개 정도 붙어 있어요. 셀프리지스의 이색적인 모습은 파코라반 브랜드에서 나온 시퀸 드레스에서 영감을 받았어요. 반짝이는 작은 조각을 시퀸이라고 해요.

### 셀프리지스는 영국 곳곳에 있는 백화점 브랜드예요

버밍엄 셀프리지스는 2003년 문을 열었을 때 3000만 명이 찾아올 정도로 인기를 끌었어요. 특이한 외관이 일으킨 효과랍니다. 이후에도 해마다 3000만 명이 넘는 관광객을 끌어들여요. 런던 아이, 빅벤과 더불어 영국의 3대 랜드마크로 꼽혀요. 전통 문화자원이 아니더라도 현대 건축물이 도시를 부흥하는 역할을 한다는 교훈을 남긴 건물이에요.

#### 알루미늄 디스크

알루미늄은 가볍고 단단한 금속이에요. 가공하기 쉽고 부식에 강한 데다가 보기에 아름다워서 건축 재료로 많이 사용해요. 알루미늄은 녹이 슬지 않아요. 공기와 접촉한 알루미늄 표면에는 막이 생겨서 녹이 스는 것을 막아요. 디스크는 동그랗게 생긴 판을 말해요. 건물의 외벽을 독특하게 꾸밀 때 사용해요.

## 건물로 표현한 철의 원자 구조

# 아토미움

**Atomium**

1958년 완공   설계 | 앙드레 폴라크, 장 폴라크

벨기에

© Chris Friese

## 1950년대 벨기에 제철 산업의 우수성을 보여줘요

철은 우리 사회에 없어서는 안 되는 물질이에요. 집, 건물, 다리, 자동차, 전자제품, 기계 등 철이 들어가지 않은 곳을 찾기가 어려워요. 건물은 특히 철이 중요해요. 튼튼하게 뼈대를 세우려면 철이 꼭 있어야 해요. 건물에 필수로 들어가는 철을 건물로 표현하면 어떻게 될까요?

아토미움은 철의 원자 구조를 건물로 표현했어요. 철의 중요성을 다시 한번 일깨워줘요. 아토미움은 브뤼셀에서 제2차 세계대전 이후 처음 열린 만국박람회를 기념하기 위해 세운 건물이에요.

102m 높이에 무게가 2400t인 구조물은 벨기에의 건축 기술을 보여주기 좋았어요. 단순히 모양만 보여주는 구조물이 아니고, 내부에 활용하는 공간이 있는 어엿한 건물이에요. 안에는 전망대, 식당, 과학관, 미술관 등이 있고 계단, 에스컬레이터, 엘리베이터로 이동해요.

## 철의 원자 구조를 건물로 표현한 아토미움

철의 원자 구조를 1650억 배 확대한 모양이에요. 알루미늄(현재 스테인리스 스틸)으로 만든 구 아홉 개를 철골로 연결한 구조예요. 높이는 102m나 된답니다. 구의 지름은 18m이고 연결하는 튜브는 20개예요. ('스테인리스 스틸'은 '월트 디즈니 콘서트홀' 참고)

정육면체 형태의 건물을 세 개의 받침대가 받치는 구조인데, 균형이 잘 잡힌 건물로 꼽혀요. 무거운 무게와 상관없이 힘을 잘 분산하는 구조예요. 다만, 관람객이 원형 공간 한쪽으로 몰리면 대칭이 깨져서 문제가 생길 수 있으므로 출입을 조절했다고 해요.

### 토목공학의 화살

박람회에는 아토미움 외에도 '토목공학의 화살'이라는 인상적인 구조물이 하나 더 있었어요. 토목공학의 화살은 철근 콘크리트 구조물이고, 80m나 되는 뾰족한 구조가 기운 채로 하늘을 향해 뻗어 나가는 형태예요. 한쪽을 고정하고 다른 쪽은 떠 있는 캔틸레버이고, 각 면을 이루는 철근 콘트리트판의 두께는 4~12cm에 불과해서 토목공학의 우수성을 보여줬어요. 아토미움과 토목공학의 화살은 대비되는 형태로 균형과 평형을 이루는 기술의 진보를 드러냈어요. 토목공학의 화살은 안타깝게도 콘크리트가 부식하는 바람에 1970년에 철거되었어요.

> 종이처럼 부드러운 유연한 곡선

# 헤이다르 알리예프 센터

**Heydar Aliyev Centre**

아제르바이잔

2013년 완공  **설계** | 자하 하디드

### 온통 곡선으로 만들어진 복합 문화 공간이에요

헤이다르 알리예프 센터는 박물관, 도서관, 회의장, 공연장을 갖춘 복합 문화 공간이에요. 건물이라고는 믿기지 않을 정도로 독특한 모양을 하고 있어요. 온통 곡선으로 되어 있는데, 모양이 매우 부드럽고 얇아서 단단한 재료가 아니라 종이를 써서 만든 건물처럼 보여요. 모자처럼 보이기도 하고, 우주선 같기도 하고, 비늘이 겹겹이 겹친 물고기가 떠오르기도 해요.

대칭이나 비례에 맞는 부분이 없어서 인위적인 느낌이 들지 않고, 마치 땅 표면이 솟아올라서 굽어지고 주름진 것처럼 보여서 풍경의 일부처럼 자연스러워요. 주변에 건물이 없

아제르바이젠

**바쿠**
옛 소련의 일부이던 아제르바이잔은 1991년 독립한 후에 수도 바쿠의 현대화에 주력했어요. 공산주의 국가이던 소련의 엄숙한 건축 모습에서 벗어나는 데 초점을 맞췄어요. 알리예프 센터도 그런 목적에 맞게 지었답니다.

고 넓은 광장에 서 있어서 더 돋보여요.

곡선을 강화하기 위해 건물 외벽 재료는 유리섬유 강화 콘크리트와 유리섬유 강화 폴리에스터를 주로 사용했어요. 이 두 재료는 단단하면서 얇게 만들 수 있어서 외벽 재료로 적합하고 가공하기 쉬워서 곡면을 만드는 데 유리해요.

알리예프 센터 내부에는 넓은 공간을 확보하기 위해 기둥을 만들지 않았어요. 기둥 없이 지탱하도록 프레임을 짜서 모양을 만든 후에 겉을 하얀 재료로 덮었어요.

**유리섬유 강화 콘크리트(GFRC)와
유리섬유 강화 폴리에스터(GFRP)**

유리섬유는 유리를 섬유처럼 가늘게 뽑아낸 물질로 탄력이 있고 열이나 약품에 강해요. 유리섬유는 다른 물질의 특성을 강화하는 성질이 있어요. 콘크리트에 유리섬유를 섞으면 단단한 성질을 유지하면서 휘거나 늘릴 때 견디는 힘이 세져요. 플라스틱의 한 종류인 폴리에스터도 마찬가지여서 유리섬유를 섞으면 가볍고 단단하면서 충격에 잘 견뎌요. GFRC와 GFRP는 가공하기 쉬워서 곡면으로 모양을 낼 때 많이 쓰여요.

**사각형 건물이 많은 이유**

건축 재료는 매우 다양해요. 돌, 유리, 콘크리트, 철, 나무 등 종류를 가리지 않아요. 하지만 단단하게 만들어야 하고 공학적으로 안전성을 확보해야 해서 모양을 내기는 쉽지 않아요. 사각형 건물이 많은 이유도 공간을 최대한 확보하는 구조이면서 가장 간단한 모양이어서 그래요. 획일적인 모양에서 벗어나 새로운 모양을 추구하는 건축가들이 있어서 세상에는 다양한 모양의 건축물이 생겨나요. 모양을 내려면 설계도 어렵고 비용도 많이 들어서 짓기가 쉽지 않지만, 아름다운 건축물을 만들려는 시도를 계속해나가요.

채석장처럼 생긴 집

# 카사 밀라
## Casa Mila

1910년 완공
설계 | 안토니오 가우디

스페인

© Thomas Ledl

**겉은 고전적인 모양새지만 앞선 기술과 개념을 적용한 건물이에요**

　카사 밀라에서는 반듯한 모습을 찾아볼 수 없어요. 상앗빛 건물 표면은 물결 같은 곡선으로 이뤄졌어요. 넝쿨처럼 생긴 철제 건물 난간과 나뭇잎 모양 가구 등 외부와 실내에 자연의 요소를 더했어요. 돌을 깎아서 만든 듯한 모양새 때문에 '채석장'이라고도 불러요. 가우디가 바르셀로나 근교의 산 미구엘 드 페이라는 바위 지대 풍경과 비슷하게 만들었다는 이야기도 전해져요.

　겉으로 보기에는 고전적인 건물이지만 앞선 기술과 개념을 적용했어요. 철골 구조 위에 돌을 붙이는 방식은 당시에는 최신 공법이었어요. 마차를 댈 수 있는 지하주차장도 유럽 최초로 만들었어요. 주차장은 나중에 차고로 개조했답니다.

## 가우디만의 독창적인 스타일로 지어진 유네스코 세계문화유산이에요

카사 밀라는 가우디가 설계한 주택으로, 유네스코 세계문화유산에 오른 가치 있는 건물이에요. 카사 밀라는 '밀라의 집'이라는 뜻이에요. 집을 지어달라고 의뢰한 페르 밀라의 이름에서 따왔어요. 페르 밀라는 가우디가 지은 카사 바트요에 반해서 자기 집을 지어 달라고 했어요.

장식적인 요소와 곡선이 많아서 아르누보 양식으로 분류하기도 하는데, 어느 양식에도 속하지 않는 가우디만의 독창적인 건물로 봐요. 건물이 완공되었을 때 건축가들은 칭찬했지만, 일반인들 사이에 반응은 좋지 않았어요. 이상하게 생겼다고 놀림거리가 되었어요. 하지만 나중에 예술적 가치를 인정받아 바르셀로나를 대표하는 건물 중 하나로 자리 잡았어요.

## 안토니오 가우디가 지은 주택은 딱 세 채예요

안토니오 가우디는 천재 건축가예요. 구엘 공원, 사그라다 파밀리아 등 굵직한 세기의 건축물을 남긴 가우디였지만 주택도 설계했어요. 많지는 않고 카사 칼벳, 카사 바트요, 카사 밀라 딱 세 채만 지었답니다. 주택 세 채 중 카사 밀라와 카사 바트요가 유네스코 세계문화유산에 올랐어요. ('안토니오 가우디'는 '사그라다 파밀리아 대성당' 참고)

## 외계인처럼 생긴 테라스 조각상들은 사실 굴뚝과 환풍구예요

카사 밀라의 테라스 굴뚝 조각에는 우주인을 닮은 모습도 있는데 〈스타워즈〉 영화에 나오는 제국군의 투구가 이 모습을 본떴다는 얘기도 전해져요. 테라스에는 사그라다 파밀리아가 멀리 눈에 들어오는 지점을 만들어놨어요. 한 건축가의 두 작품이 먼 거리를 두고 서로 이어지는 거예요.

### 일부러 기울인 아부다비 사탑

# 캐피털 게이트

**Capital Gate**

2010년 완공 　**설계** | RMJM

아랍에미리트

아부다비
아랍에미리트

## 일부러 18도 기울게 만들었어요

똑바로 세워도 기울어지는 판에 처음부터 기울게 세운 건물이 있어요. 현대판 피사의 사탑이라고 불리는 캐피털 게이트예요. 아랍에미리트 아부다비에 있는 캐피털 게이트는 18도로 기울어진 건물이에요. 피사의 사탑이 보수 공사 이후 4도 정도 기울었으니 기운 각도가 네 배는 더 커요. 피사의 사탑과 다른 점이라면 12층까지는 곧게 뻗어 있어요. 13층부터 층마다 30~140cm씩 튀어나와요.

## 무게 중심의 균형을 맞추기 위해 과학적으로 만들었어요

기울어지면 지진이나 강풍에 취약해요. 지구가 잡아당기는 힘인 중력에도 약할 수밖에 없어요. 캐피털 게이트에는 기울어진 반대편 지하 30m 아래 바닥에 두께 2m 두께 기초를 490개로 나눠서 깔았어요. 건물 동쪽 편에는 수영장을 만들어서 150만t 물을 채워서 무게 중심의 균형을 맞춰요. 경사진 구조를 설계하기 위해 BIM 소프트웨어를 사용하고('BIM'은 '건축 기술의 발달' 참고), 무게를 잘 견디고 입체적인 모양을 만드는 데 알맞은 다이아그리드 구조를 적용했어요.

### 다이아그리드

다이아그리드는 대각선(diagonal)과 격자(grid)를 합한 말이에요. 금속관을 비롯한 자재를 ㅅ자 형태로 만들어서 마름모 모양으로 쌓아 올리면 기둥이 없이도 건물의 무게를 견뎌내요. 안정성이 높고 기둥이 없이 큰 힘을 받쳐서 공간을 효율적으로 활용할 수 있어요. 건물 외벽에 다이아몬드 무늬가 생겨서 보기에도 아름다워요. 다이아그리드를 활용하면 입체적인 구조를 만들 수 있어요. 위로 갈수록 얇아지거나 비틀어지거나 기울어지는 등 사각형 형태에서 벗어난 건물을 만드는 데 알맞아요.

## 일부러 기울여서 세운 건물들

제대로 지은 건물은 기울어지면 안 돼요. 전 세계에는 기울어진 건물이 많아요. 대부분 똑바로 지었지만 부실 공사나 지반이 약해져서 기울어졌어요. 캐피털 게이트처럼 일부러 기울인 건물도 있어요.

**푸에르타 데 에우로파** 스페인 마드리드에 있는 쌍둥이 빌딩이에요. 두 건물이 도로를 사이에 두고 기울어진 채 마주 보고 있어요. 이름은 '유럽의 관문'을 뜻해요. 높이 114m인 26층 빌딩이 15도 기운 채로 서 있어요.

**마리나 베이 샌즈** 한쪽이 기운 채로 다른 쪽에 기댄 형상이에요. ('마리나 베이 샌즈' 참고)

**몬트리올 타워** 캐나다 몬트리올 올림픽 공원에 있는 몬트리올 타워도 45도 기울었어요. 높이는 175m이고, 스타디움 천장과 굵은 쇠줄로 연결되어 있어요. 꼭대기에는 전망대가 있답니다.

### 짓는 과정 중에 기울어진 피사의 사탑

구부정한 자세는 좋지 않아요. 앉아 있든 서 있든 자세를 곧게 해야 건강에 좋아요. 건물도 마찬가지예요. 똑바로 서 있어야 무너지지 않아요. 수직을 잘못 맞춰서 짓다가 비뚤어지기도 하지만, 잘 지어놓아도 지반이 약해서 건물이 기울어지기도 해요. 이탈리아에 있는 피사의 사탑은 기울어진 건물로 유명해요. 탑을 짓는 과정 중에 기울어져서 기운 채로 완공했어요. 이후 똑바로 세우려는 시도가 여러 번 있었지만 완전히 똑바로 서지는 않았어요. 오히려 기운 상태가 특징이 되어서 기운 건물의 대명사로 통해요.

## 주택이 자랐어요!

# 큐브 하우스

**Cube Houses**

네덜란드

1984년 완공　**설계** | 피트 블롬

### 대부분 모양이 비슷한 공동 주택

　나라마다 특징적인 모습이 있어요. 사는 사람은 잘 모르지만 우리나라를 방문한 여행객 눈에는 특징이 잘 들어와요. 여행객이 꼽은 우리나라의 모습 중 하나는 아파트예요. 우리나라 도시에는 아파트가 매우 많아요. 우리나라 말고도 홍콩처럼 땅은 좁고 인구가 많은 지역에서는 아파트를 주로 지어요.

　아파트는 여러 가구가 함께 사는 공동 주택이에요. 공동 주택에는 연립 또는 빌라처럼 층수가 낮고 가구 수가 적은 형태도 있어요. 공동 주택은 대부분 모양이 비슷해요. 정해진 공간에 많은 가구가 살아야 하고, 복잡하지 않아야 비용 효율을 높일 수 있어요. 곳곳에 있는 공동 주택을 멋있고 예쁘게 지으면 도시의 모습이 달라질 거예요.

### 창의적인 건축 도시, 로테르담

로테르담은 제2차 세계대전이 한창이던 1940년 독일군의 폭격을 받아서 거의 폐허가 되다시피 했어요. 7만 7000여 명이 집을 잃었답니다. 1950년대 도시를 재건하면서 완전히 새로운 도시로 거듭나기로 하고 실험적인 건물을 짓기 시작했어요. 특이한 건물이 많아서 '현대 건축 도시', '건축학도의 성지'라고 불러요.
큐브 하우스 외에도 연필처럼 생긴 연필 타워(큐브 하우스에서 바로 보여요)와 전통시장과 고급 주택을 결합한 마르크탈, 백조를 닮은 에라스무스 브리지, 온실 같은 건물에 책을 쌓아 올린 북 마운틴, 화살표처럼 하늘을 향해 비스듬히 솟아 있는 로테르담 중앙역을 비롯해 멋진 건물이 많이 있어요.

### 사각형 모양의 공동 주택이에요

큐브 하우스는 공동 주택이에요. 이름에 큐브<sup>cube</sup>는 정육면체를 가리켜요. 집은 대부분 사각형인데 큐브 하우스는 좀 달라요. 모서리가 바닥을 향하게 서 있어요. 벽면의 각도는 90도가 아니라 54도예요. 콘크리트로 기둥을 세우고 그 위에 사각형을 뾰족한 쪽이 아래로 가게 세워놨어요. 이런 모양이 마치 나무나 기둥처럼 생겼다고 해서 수목 주택 또는 기둥 주택이라고도 불러요. 집이 한 채가 아니라 40채(작은 집 38채, 큰 집 2채)여서 마치 나무가 숲을 이루고 있는 모양이에요.

### 원래 있던 도로를 그대로 유지하려고 나무처럼 지었어요

나무처럼 지은 이유는 따로 있어요. 큐브 하우스를 지을 땅에는 차가 다니는 도로가 있었어요. 로테르담시는 공동 주택을 의뢰하면서, 도로가 막히면 교통에 문제가 생기니 도로 위에 집을 지어달라고 했어요. 결국 기둥을 세우고 그 위에 집을 짓는 식으로 도로를 유지했어요. 실내는 각도가 있어서 공간은 특이하지만 구성은 일반 주택과 같아요. 1층은 주방과 거실, 2층은 침실과 욕실, 3층은 다락방이에요. 유럽의 일반 주택 구조를 따라요.

동화 속 집이 현실로

# 크시비 도메크
Krzywy Domek

2003년 완공  **설계** | 슈탄 잘레브스키

폴란드

### 이름처럼 모양도 '비뚤어진 집'이에요

구불구불 비뚤어진 모양의 크시비 도메크는 이름도 그대로 '비뚤어진 집'이라는 뜻이에요. 지진이 나서 흔들려 뒤틀린 상태로 굳었는지, 거인이 집 양쪽을 잡고 비틀어 버렸는지, 뜨거운 햇빛을 받아 흐물흐물해졌는지 구불구불한 모양으로 서 있어요. 마치 집이 살아서 흥겹게 춤추는 모습 같기도 하고, 동화 속 마술 나라에 서 있는 집처럼 생기기도 했어요. 초현실주의 그림 속에 나오는 집처럼 보여요. 누가 장난치려고 사진을 포토샵으로 조작했거나, 렌즈 때문에 왜곡되어 보이는 게 아닌가 하는 생각도 들어요.

건축가 슈탄 잘레브스키는 폴란드에서 유명한 동화 삽화가인 잔 바신 스탠서와 스웨덴 출신 작가 페르 달버그 동화 작품에서 영감을 얻어서 집을 설계했어요. 동화 속 집처럼 보인 데는 다 이유가 있던 거예요.

### 광택과 조명이 우수한 곡선 지붕 덕에 동화 속 집처럼 보여요

외벽에는 돌을 사용하고 곡선 지붕은 에나멜페인트를 칠한 타일로 덮었어요. 에나멜페인트는 유성 니스에 물이나 용제에 녹지 않는 성분의 안료를 섞어 만들어요. 일반 페인트보다 빠르게 마르고 광택이 우수해요. 푸른 에나멜 타일이 빛을 받아 반짝이면서 출렁이는 듯한 효과를 더해요.

지붕은 구부리고 있는 용의 등처럼 보이기도 해요. 밤에는 조명 덕분에 구부러진 효과가 더 커 보이고 동화 속 집 같은 분위기가 더 커져요.

쇼핑센터 목적으로 지은 건물이라서 실내는 일반 건물과 크게 다르지 않답니다.

> **에나멜페인트**
> 건물이나 제품에는 색을 내거나 녹이 슬지 않도록 페인트를 칠해요. 페인트의 종류는 여러 가지예요. 에나멜페인트는 유성 니스에 안료를 섞은 거예요. 막이 두껍고 광택이 우수한 데다가 잘 들러붙고 색감이 좋아서 건축물에 많이 사용해요.

## 대나무처럼 쭉쭉 자라는 빌딩

# 타이베이 101

**Taipei 101**  2003년 완공
**설계** | 리쭈위엔

타이완

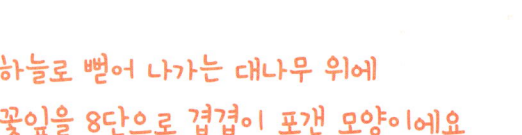

**하늘로 뻗어 나가는 대나무 위에
꽃잎을 8단으로 겹겹이 포갠 모양이에요**

자라지는 않지만 자라는 것처럼 보이는 건물이 있어요. 타이완 타이베이시에 있는 타이베이 101 건물은 식물의 줄기가 땅에서 나와서 자라난 듯한 모양이에요. 겉을 감싼 유리마저 녹색 계열이어서 나무 느낌이 나요. 실제로 건물을 지을 때 탑과 대나무에서 영감을 받았다고 해요. 하늘로 뻗어 나가는 대나무 위에 꽃잎을 겹겹이 포갠 형상이라고 설명해요.

타이베이 101은 25층까지 안쪽으로 5도 경사를 이루며 올라가는 기반이 되는 부분이 있고, 그 위에 커다란 한 덩어리가 8단으로 겹쳐진 구조예요. 단의 모양은 한자로 복되다는 뜻인 吉(길) 자를 닮았어요. 동방에서 행운의 숫자로 여기는 8에 맞춰서 8단으로 쌓았답니다. 각 단의 외벽은 바깥으로 5도 경사지게 올라가요.

강철 추

### 87층과 92층 사이에 태풍이나 지진에서 건물을 보호하는 강철 추가 달려 있어요

모양도 모양이지만 타이베이 101은 기술로도 화제를 모았어요. 타이베이 101은 높이 508m로 완공 후 몇 년 동안 세계에서 가장 높은 빌딩 자리를 지켰어요. 고층 빌딩은 바람과 지진에 약해요. 타이완은 거대 지진이 자주 발생하는 환태평양 지진대에 있는 나라예요. 환태평양 지진대는 태평양 주변의 대륙과 해양과의 경계 부근에 있는 세계에서 가장 큰 지진대예요. 실제로 건물을 지을 당시 진도 5 이상 지진이 발생했어요.

위험한 상황에 대비하기 위해 타이베이 101의 87층과 92층 사이에는 무게가 660t이나 되는 거대한 강철 추가 달려 있어요. 태풍이나 지진이 발생했을 때 건물을 보호해요. 바람이나 진동에 건물이 흔들리면 추도 같이 흔들려서 건물의 진동을 흡수해요. 기울어지는 반대쪽으로 움직여서 중심을 잡아주는 거예요. 공 모양은 둥글지만 매끈하지는 않고 층이 있어요. 쇠구슬을 지상에서 88층까지 올릴 수가 없어서, 두께 12.5cm 강철판 41개를 각각 올린 후 현장에서 용접해서 지름 5.5m짜리 쇠구슬을 만들었답니다.

### 382m 높이를 37초 만에 올라가는 초고속 엘리베이터로 유명해요

완공 당시 세계에서 가장 높은 건물이어서 고층으로 빨리 이동하는 게 중요했어요. 엘리베이터 속도는 분속 1010m, 시속으로 따지면 60.6km예요. 5층 매표소에서 382m 높이 89층 전망대까지 37초 만에 올라가요. 당시 세계에서 가장 빠른 엘리베이터 기네스 기록에 올랐고 '총알 엘리베이터'라는 별명을 얻었어요. 2022년 현재 가장 빠른 엘리베이터는 CTF 광저우 금융센터에 있어요. 1분에 1260m까지 올라갈 수 있어요.

 **탈피**

곤충이나 새우 같은 갑각류는 딱딱한 껍질이 막고 있어서 껍질을 바꿔가는 탈피 과정을 거치면서 성장해요. 매미가 지저귀는 여름에는 나무에서 매미가 남긴 껍질을 발견할 수 있어요. 탈피는 생물에만 일어나는 과정이에요. 기계나 건물 같은 무생물에도 탈피가 일어난다면 어떨까요? 작은 차나 건물을 샀는데 시간이 흐르면 차츰 커져서 큰 차나 건물로 변한다고 상상해봐요. 그럴 일이 일어난다면 매우 신기할 거예요.

## 무질서가 이룬 질서

# 해비타트 67
Habitat 67

1967년 완공　**설계** | 모세 사프디

### 레고를 자유롭게 쌓아 올린 모양의 미래형 주거 공간

　블록이 수백 개나 되는 복잡한 레고를 맞출 때는 며칠씩 시간이 걸리지만 끝내고 나면 근사한 작품이 탄생해요. 레고는 복잡해도 설명서 대로 따라 하면 끝까지 갈 수 있어요. 설명서 없이 블록만 수백 개 던져주고 만들라고 하면 어떻게 될까요? 처음에는 막막하겠지만, 마음대로 만들어도 되니 저마다 독특한 결과를 얻을 거예요. 조금 어설프거나 서툴러도 독창적이고 창의적인 제품이 생겨나요.

　아파트 형태는 거의 비슷해요. 대부분 반듯한 사각형이에요. 다르게 보이도록 변화를 줘도 사각형이라는 큰 틀에서 벗어나지 않아요. 해비타트 67은 아파트인데 아파트 같지 않아요. 레고 블록을 아무렇게나 쌓아 놓은 듯 자유롭고 독특하게 생겼어요. 1967년 캐나다 몬트리올에서 엑스포가 열렸어요. 엑스포 주제 중 하나가 미래형 주거 공간이어서, 주제에 맞게 지은 건물이 해비타트 67이에요.

캐나다

퀘벡

몬트리올

### 세계의 특이한 아파트

덴마크 베일레는 물결을 형상화한 아파트예요. 바닷가에 지어서 물결이 더 실감 나요.

스웨덴 스톡홀름에 있는 노라 토르넨은 작은 사각형 상자를 높이 쌓아 올린 형태예요. 해비타트 67이 낮고 길다면 노라 토르넨은 위로 높이 올라가요.

스페인의 월든 7은 '우주 도시'라는 별명이 붙었어요. 여러 구조를 결합한 기하학적 형태가 독특해요.

### 콘크리트판

일반적인 건물은 보통 철근 콘크리트를 사용해서 지어요. 철근을 세우고 거푸집(틀)으로 두른 후 그 속에 콘크리트를 부어서 굳혀요. 이렇게 하면 비용도 많이 들고 시간도 오래 걸려요. 콘크리트판을 미리 만들면 조립하는 방식으로 건물을 지을 수 있어요. 공장에서 만들기 때문에 품질도 일정하고 날씨의 영향도 받지 않아요. 대량 생산을 하면 비용도 줄일 수 있어요. 단점이라면, 모양이 정해져서 복잡한 건물을 지을 때는 알맞지 않아요. 판이 연결하는 부분을 꼼꼼하게 시공하지 않으면 물이 새거나 단열이 잘 안 될 수 있어요.

## 365개 조립식 육면체를 레고를 쌓듯 조립해서 158세대를 만들었어요

건물을 설계한 모세 사프디는 미래에는 도시가 복잡해서 많은 사람이 모여 살 거라고 예상했어요. 여러 가구가 모여 살지만 개인 생활을 유지하도록 각 세대를 독립적으로 배치했어요. 목적을 실현하기 위해 큐브라고 부르는 365개 조립식 육면체를 이리저리 조합하고 배치해서 158세대를 만들었어요. 건물 전체 모양은 불규칙하지만 큐브는 규격이 정해져 있어요. 공장에서 콘크리트판을 만든 후에 현장에서 조립하는 방법을 써서 공사 기간을 줄였어요. 겨울이 길어 공사하는 데 불리한 몬트리올 날씨도 이런 방식으로 극복했어요. 큐브는 레고를 쌓듯 크레인으로 올려서 강철 케이블로 연결했어요.

집들이 엇갈려 있어서 이웃집 옥상이 테라스나 정원 역할을 해요. 뻥 뚫린 구조라 햇빛도 잘 든답니다. 가로로 넓게 퍼져 있고 정해진 모양이 아니어서 여러 집이 모여 있는 마을처럼 보이기도 해요. 건축가도 중동과 지중해의 언덕 마을에서 영감을 얻었다고 해요.

## 못다 한 건축 수업 ⑥

# 사물을 닮은 세계의 이색 건축물 2

'건물은 사각형'이라는 상식을 깨는 건물이 전 세계에는 많이 있어요. 사각형에서 벗어나는 데 그치지 않고 특별한 사물을 본떠서 짓기도 해요. 상징적인 형태를 표현하기도 하고 아예 사물 모습을 따라 하기도 해요. 건축 세계에는 한계가 없다는 사실을 알 수 있어요.

### 롱가버거 본사

수제 바구니 만드는 롱가버거 본사 건물이에요. 회사 건물도 진짜 바구니처럼 지었어요. 최악의 건물이라는 혹평이 따랐지만, 특이한 건물 때문에 유명한 랜드마크로 자리 잡았답니다.

미국

### 캔자스 시립도서관

건물 외벽을 대형 책꽂이처럼 만들었어요. 건물 벽을 채운 책은 22권이에요. 어떤 책으로 할지는 시민 투표로 정했답니다. 건물만 외벽만 봐도 단번에 도서관인지 알 수 있어요.

### 세미놀 하드 록 호텔

건물을 기타처럼 만들었어요. 기타 줄까지 표현하는 등 진짜 기타의 모습을 빼닮았어요. 세상에서 가장 큰 기타라고 할 수 있어요.

### 아그바 타워

총알처럼 생겼어요. 손가락이나 오이지를 닮았다고도 해요. 건물을 설계한 장 누벨은 바르셀로나 근처 몬트세라트산의 바위 모양에서 영감을 얻었다고 해요.

### 트라이 보울

그릇 세 개를 연결한 듯한 형태예요. 거꾸로 지은 건물처럼 보여요. 복합문화예술공간인 트라이 보울에서는 공연과 전시 등 다양한 문화 행사가 열려요.

### 칸 샤티르

유목민의 천막처럼 생겼어요. '칸 샤티라'라는 이름은 왕의 천막을 뜻해요. 광장, 쇼핑센터, 수영장, 상업 시설, 레저 시설이 들어선 복합 단지예요.

### 버즈 알 아랍

세계에서 가장 고급스러운 호텔로 알려져 있어요. 콘크리트 타워를 철재 골격이 둘러싼 형태예요. 아랍 선박의 한 종류인 다우의 돛 모양을 본떴다고 해요. 커다란 요트처럼 생겼어요.

# 찾아보기

## ㄱ

| | |
|---|---|
| 각뿔 | 129 |
| 강철 추 | 197 |
| 건축 면적 | 13 61 |
| 격납고 | 49 82 |
| 계측 | 43 49 |
| 고딕 양식 | 15 114-116 175 |
| 공동 주택 | 16 30 82 192 193 |
| 구리 | 19 118 119 161 |
| 구형 | 77 |
| 그리스 양식 | 77 |
| 기하학 | 15 59 63 108 126 151 199 |
| 깨진 유리창 이론 | 84 |

## ㄴ

| | |
|---|---|
| 노출 콘크리트 | 139 |

## ㄷ

| | |
|---|---|
| 대지 면적 | 61 |
| 댐퍼 | 155 157 |
| 도리아식 | 74 75 133 |
| 돔 | 77 118 119 126 130 131 137 141 158 |
| 동석 | 151 |

## ㄹ

| | |
|---|---|
| 라테라이트 | 125 |
| 러시아 양식 | 118 119 |
| 레미콘 | 23 |
| 로마네스크 | 15 115 |
| 르네상스 | 15 |

| | |
|---|---|
| 리벳 | 160 161 |

## ㅁ

| | |
|---|---|
| 모스크 | 17 119 137 |
| 무게 중심 | 163 191 |
| 미디어 파사드 | 89 99 |

## ㅂ

| | |
|---|---|
| 바로크 | 15 175 |
| 박공지붕 | 60 61 |
| 반구형 | 76 77 |
| 빌바오 효과 | 84 |
| 발코니 | 31 180 |
| 베란다 | 30 31 |
| 브루탈리즘 | 173 |
| 비잔틴 양식 | 15 118 119 |
| 빌바오 효과 | 84 |

## ㅅ

| | |
|---|---|
| 사각뿔 | 129 |
| 사라센 양식 | 137 |
| 사암 | 112 113 125 126 127 133 |
| 상감 기법 | 126 127 |
| 세라믹 | 91 |
| 세장비 | 37 |
| 스카이 브리지 | 66 |
| 스카이 스크래처 | 37 |
| 스카이 스크레이퍼 | 37 |
| 스테인리스 스틸 | 19 85 92 93 95 105 147 185 |
| 신고전주의 | 15 160 |

## ㅇ

| | |
|---|---|
| 아라베스크 | 137 |
| 아르누보 | 15 116 117 175 |
| 아르데코 | 58 59 151 |
| 아치 | 59 77 97 115 121 131 137 146 147 159 |
| 알루미늄 | 46 47 79 103 105 119 140 155 182 185 |
| 압축력 | 19 151 |
| 에나멜페인트 | 195 |
| 연면적 | 31 61 |
| 연필 타워 | 36 37 43 83 |
| 오스만 양식 | 137 |
| 오쿨루스 | 130 |
| 원추형(원뿔형) | 38 |
| 위치 에너지 | 154 155 |
| 유기적 표현 | 72 73 |
| 유리섬유 강화 콘크리트 | 187 |
| 유리섬유 강화 폴리에스터 | 187 |
| 유선형 | 126 127 |
| 인장력 | 19 151 |

## ㅈ

| | |
|---|---|
| 전파탑 | 145 156 157 |
| 주상 절리 | 139 |
| 중력 | 81 146 154 155 191 |

## ㅊ

| | |
|---|---|
| 철근 콘크리트 | 18 19 21 87 90 145 151 152 185 199 |
| 침식 작용 | 113 |

## ㅋ

| | |
|---|---|
| 캔틸레버(외팔보) | 44 45 78 177 185 |
| 콘크리트 | 23 131 139 173 |
| 키스톤=쐐기돌 | 147 |

## ㅌ

| | |
|---|---|
| 테라스 | 31 175 189 199 |
| 티타늄 | 47 77 85 |

## ㅍ

| | |
|---|---|
| 파사드 | 89 117 |
| 페르시아 양식 | 137 |
| 폴리우레탄 | 178 179 |
| 플렉시 글라스 | 99 |
| 피라미드 | 15 50 128 129 152 166 |

## ㅎ

| | |
|---|---|
| 하이테크 건축 양식 | 107 |
| 해체주의 | 45 79 92 170 175 |
| 황금비율 | 152 |

## 알파벳

| | |
|---|---|
| AI | 27 |
| AR | 27 |
| BIM | 27 |
| CAD | 27 |
| ETFE | 88 89 |
| VR | 27 |

찾아보기 **203**

# 10대를 위한
# 건축 학교

ⓒ 임유신 2022

**1판 1쇄** 2022년 11월 22일

**1판 5쇄** 2025년 9월 15일

**지은이** 임유신

**펴낸이** 정미화 | **기획편집** 정미화 이지석 | **디자인** 안희원

**펴낸곳** 이케이북(주) | **출판등록** 제2013-000020호 | **주소** 서울시 관악구 신원로 35, 913호

**전화** 02-2038-3419 | **팩스** 0505-320-1010 | **홈페이지** ekbook.co.kr | **전자우편** ekbooks@naver.com

**ISBN** 979-11-8622-48-5 74540

**ISBN** 979-11-86222-33-1 (세트)

- 이 책은 저작권법에 따라 보호받는 저작물이므로 무단 전재와 복제를 금합니다.
- 이 책의 일부 또는 전부를 이용하려면 저작권자와 이케이북(주)의 동의를 받아야 합니다.
- 저작권자를 찾지 못한 일부 실사에 대해서는 확인이 되는 대로 동의 절차를 밟겠습니다.
- 잘못된 책은 구입하신 곳에서 바꾸어드립니다.

 이 책은 해동과학문화재단의 지원을 받아
한국공학한림원과 이케이북(주)가 발간합니다.